Mach immer deine Augen auf!
Es gibt der Wunder viele.
Doch nimmer ist's des Menschen Recht,
daß er mit Wundern spiele!

Die Hochrhönstraße

MAX MÖLTER

Geschichtliche, erdkundliche, erdgeschichtliche, naturkundliche, wirtschaftliche, kulturkundliche und volkskundliche Bemerkungen über eine Landschaft

(Links und rechts verstehen sich in Richtung Bischofsheim–Fladungen)

VERLAG PARZELLER FULDA

Zur Ergänzung werden empfohlen:
Schneiders Rhönführer, Verlag Parzeller, Fulda
Offizielle Wanderkarte des Rhönklubs, Ravensteinverlag, Frankfurt
Karte des Naturparks Rhön mit Wanderwegen, Nordblatt,
Hess. Landesvermessungsamt Wiesbaden

ISBN 3 7900 0149 X

Erschienen mit Unterstützung des Kreisausschusses des Kreises Fulda
1. Auflage 1964, 2. Auflage 1965
unter dem Titel „Links und rechts der Hochrhönstraße"

5. Auflage 1986
Gesamtherstellung: Druckerei Parzeller GmbH & Co. KG, Fulda
Fotos: F. Klopcar, Bad Neustadt: S. 19; Rolf Kreuder, Tann: S. 7, 24, 31, 35;
Max Mölter, Salz: S. 11, 19; Hugo Scholz: S. 15;
Erich Gutberlet, Großenlüder: S. 35

Zum Geleit

Im Jahre 1977 wurde „Die Hochrhönstraße" von Max Mölter zum vierten Male aufgelegt. Nun ist sie vergriffen, und die 5. verbesserte Auflage soll den Weg zum Wanderfreund, aber auch zum Freund der Rhön antreten.

Vieles hat sich inzwischen verändert, aber der eigenartige Reiz dieser herrlichen Landschaft ist geblieben und zieht immer wieder unzählige Besucher an. Der verstorbene Ehrenpräsident des Rhönklubs, Dr. Jupp Sauer, hat die Landschaft zwischen Thüringer Wald, Vogelsberg, Spessart und Hessischem Bergland als „Land der offenen Fernen" bezeichnet. Hier oben auf der Hochrhön wird jeder, der mit wachen Augen wandert, tief und innig die Wahrheit dieses Prädikates erfahren. Den Wanderer ergreift ein hohes Gefühl der Freiheit angesichts der Weite und der eigenartigen, erhabenen Schönheit der Landschaft. Ehrfurcht vor der Schöpfung und deren Wunder erfaßt ihn, hat er sich gelöst vom gehetzten Alltag; Ruhe umgibt ihn und steigert den Wert der Erholung.

Hier oben bedarf es keines Hinweises, Natur und Umwelt zu schützen; hier gebietet das offene Auge den Maßstab.

Max Mölter hat mit der Schrift alle Details beschrieben, sie sind eine wertvolle Unterstützung, führen uns erschöpfend durch die Entwicklung der Kultur und Geschichte. Es ist mir ein Bedürfnis, ihm für seine Mühe und Arbeit herzlich zu danken.

Ebenso herzlichen Dank dem Verlag Parzeller, Fulda.

Möge die vorliegende 5. Auflage in großer Zahl zum Mitmenschen finden und ihm dieses Kleinod zeigen, in welchem er die Größe und Erhabenheit unserer engeren Heimat erleben kann.

Alfons Lühn
Rhönklubpräsident

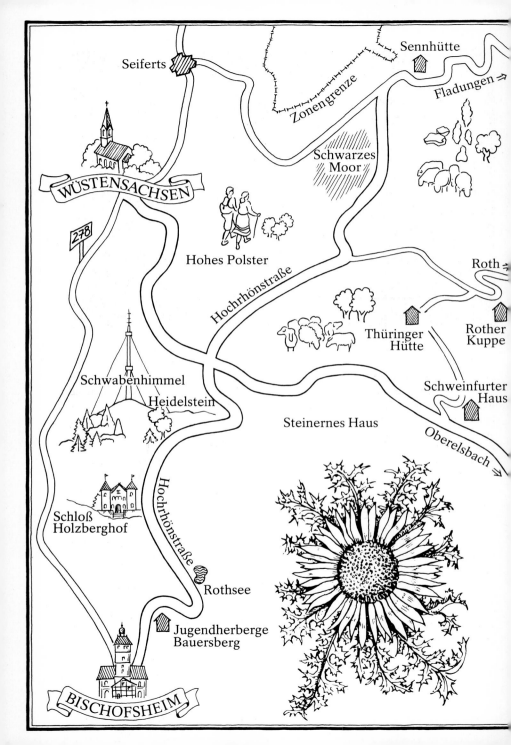

Die Silberdistel ist das Wahrzeichen der Rhön

Ein Autofahrer fragte an der Wegkreuzung nahe dem Bahnhof in Bischofsheim: „Wie komme ich denn nun am besten nach Fladungen?" „Wenn Sie es eilig haben, fahren Sie nach links, wenn Sie Zeit haben, fahren Sie erst recht nach links", gab ich zur Antwort, und ich fügte noch hinzu: „Sie werden es nicht bereuen!" „Ich habe Zeit", bemerkte er, „danke." Dann bog sein Wagen nach links ab. Die Hochrhönstraße lag vor ihm.
25 km lang ist die Hochrhönstraße zwischen Bischofsheim und Fladungen. Eine Straße, wie es sie in Mitteleuropa nur noch selten gibt. Kein Dorf berührt sie auf der ganzen Strecke, kaum ein Haus. Aber

links und rechts der Hochrhönstraße

findet der Wanderer eine Landschaft herber Schönheit: Wald und Wiese, Matten und Moore, kahle Hochflächen, steile Basalthänge; aber auch Stätten der Arbeit und des Verdienstes, der Mühe, des Schweißes; Plätze voller Geschichte und Vergangenheit und Erinnerung an Vorzeiten; ein Erholungsgebiet der unendlichen Weite, der Ruhe, der Stille, des Friedens.
Laß deinen Benzinesel stehen, Fremder, und auch du, Rhöner, der du heraufgekommen bist, deine Steinwüste zu verlassen, deine Sorgen zu vergessen, deinen Schweiß abzuwischen, deinen geschundenen Körper zu erholen und auch deine geplagte Seele zu erfrischen! Wandere mit mir hinein in diese herrliche Landschaft, die Gott dir gab, und entdecke eine neue Welt, die Welt

links und rechts der Hochrhönstraße!

7

Links der Hochrhönstraße

führt gleich hinter Bischofsheim die Straße zum Basaltbruch S t e n g e r t s , am Abhang des H o l z b e r g e s . Dort wurde seit 1889 Basalt abgebaut. Die Mächtigkeit des Vorkommens ist kaum zu schätzen. Fachleute sprechen von mindestens 20 Millionen Kubikmetern. Jedenfalls handelt es sich um eines der größten Basaltvorkommen Unterfrankens.

Der Betrieb wurde 1889 von dem Bischofsheimer Alfred Weber begonnen. Er lieferte Basaltkies für den Straßen- und Eisenbahnbau. Im Jahre 1900 schloß Weber mit der Stadt Bischofsheim einen Vertrag auf 99 Jahre, der ihm das alleinige Ausbeutungsrecht aller Basaltvorkommen in der Gemarkung Bischofsheim sicherte. Bald begann Weber am Stengerts mit dem Bau von Wohnungen, in denen die Belegschaft mit ihren Familien in unmittelbarer Nähe ihres Arbeitsplatzes wohnen konnte, manche in der dritten Generation.

Soziale Gesinnung zeichnete den Gründer des Werkes aus.

1919 übernahm Viktor Hoesch, der aus Kamerun zurückgekommen war, den Betrieb und führte ihn bis zu seinem Tod im Jahre 1946. Er und sein Sohn Herbert bauten den Betrieb immer mehr aus, so daß er weitgehend mechanisiert und eines der modernsten und bedeutendsten Basaltwerke Unterfrankens und der größte Betrieb Bischofsheims wurde. 1970 schloß sich die Firma Hoesch mit der Basalt AG Linz zusammen zu den Vereinigten Rhön-Basalt-Werken GmbH. Diese Firma betreibt im Augenblick nur das Werk am Bauersberg, während alle anderen Werke im Bereich der Hochrhön, auch das Werk am Holzberg, stillgelegt wurden. Am Stadtrand von Bischofsheim stellt das Betonsteinwerk Herbert Hoesch Betonprodukte her.

Die Hochrhönstraße führt uns weiter auf den B a u e r s b e r g (629 m). Am Abhang dieses besonders für den Geologen interessanten Berges liegt

rechts der Hochrhönstraße

die J u g e n d h e r b e r g e B a u e r s b e r g . Sie wurde in den Jahren 1953 bis 1954 von der Stadt Schweinfurt am Platz des ehemaligen RAD-Lagers errichtet. Die Einweihung fand am 12. Juni 1954 statt. Der große Aufenthaltsraum trägt den Namen des Rhönvaters K a r l S t r a u b , dessen Bemühen um das Deutsche Jugendherbergswerk damit gewürdigt werden soll.

Die Bleibe hat in drei Gebäuden 27 Schlafräume für Jugendliche und 7 Betreuerzimmer mit 145 Betten; 7 heizbare Tagesräume und 2 Tischtennisräume bieten Aufenthaltsmöglichkeiten. Die Benutzer erhalten Verpflegung verabreicht. Im Winter ist Wintersportmöglichkeit geboten – 90 Paar Langlaufski sind vorhanden –, im Sommer stehen Spielplätze zur Verfügung.

Die Herberge hat jährlich etwa 20000 Übernachtungen zu verzeichnen. Die Besucher kommen nicht nur aus Deutschland, sondern auch aus dem Ausland. Die Herbergseltern Becker berichten, daß die Jugendherberge auch gerne und häufig für Schullandaufenthalte und Tagungen benutzt wird. Für die Aufnahme ist der Jugendherbergsausweis erforderlich.

Nur wenige Schritte oberhalb der Jugendherberge liegt

links der Hochrhönstraße

der Berggasthof B a u e r s b e r g , der früher die Kantine des Kohlenbergwerkes Bauersberg war.

8

Hinter dem Gasthaus sieht man noch den vermauerten Eingang zum Schacht.

Kohlenvorkommen in der Rhön

Die Braunkohle der Rhön ist in der Braunkohlenzeit, dem Teritär, entstanden. Während die Kohle bei Sieblos an der Wasserkuppe älter ist und in einer Zeit subtropischen Klimas entstand, sind alle übrigen Kohlenlager der Rhön, so auch das am Bauersberg bei Bischofsheim und im Eisgraben bei Hausen, aus der jüngeren Braunkohlenzeit (Miozän). Deshalb und weil die Kohle zu geringem Druck ausgesetzt war, ist sie zum Teil noch holzartig und nicht von sehr guter Qualität. Sie ist reich an Blattabdrücken und Abdrücken von anderen Pflanzenteilen und Tieren, die uns Auskunft über die Zeit der Entstehung vor mehr als zehn Millionen Jahren geben. Das Klima hatte sich bereits etwas abgekühlt. Aber in der Rhön wuchsen damals neben Ahorn, Eichen, Ulmen, Buchen, Kastanien, Pappeln, Weiden, Erlen und immergrünen Eichen auch noch Zypressen, Taxineen, Lorbeer- und Zimtbäume und Myrten.

Die Braunkohle des Bauersberges war schon im 15. Jahrhundert entdeckt worden. Aber erst 1535 suchten Einheimische nach, die Kohle fördern zu dürfen. Der Würzburger Fürstbischof Konrad von Thüngen (1519–1540) genehmigte den Antrag. Man hoffte, mit der Braunkohle des Bauersberges das immer knapper werdende Holz zu ersetzen. Noch im gleichen Jahr, 1535, wurde am Bauersberg erstmals Braunkohle abgebaut. Während des 30jährigen Krieges geriet der Bergbau in Vergessenheit. Aber später wurden immer wieder Versuche unternommen, Kohle zu fördern, jedoch mit wenig Erfolg. Die Qualität der Rhönkohle ist zu gering. Nur in Notzeiten lohnt sich der Abbau. Probebohrungen, die vor einigen Jahren am Bauersberg durchgeführt wurden, zeigen, daß auch die Mächtigkeit der Flöze zu gering ist. Das Abwasser, das aus dem vermauerten Schachteingang fließt, zeigt durch seine Farbe an, daß der Bauersberg auch reich an Schwefel ist. Schwefelkies (Eisenkies oder Pyrit) ist leicht entzündlich. Deshalb kam es in der Grube am Bauersberg öfters zu Grubenbränden, die sich oft über Jahre hinzogen. So schwelte es in der Grube 1852–59, 1891–95, 1909–19.
Auch eisenhaltiges Gestein kommt am Bauersberg vor. Es wurde in früheren Jahrhunderten im Tagbau gefördert und verarbeitet.
Der Berg scheint auch starke Wasservorräte zu enthalten. Es wird viel von unterirdischen Seen erzählt. 1930 gab es eine große Überschwemmung. Das Wasser strömte aus dem Kohlenschacht und überflutete das Gasthaus.

Rechts der Hochrhönstraße

am Bauersberg hat die Firma Hoesch 1955 einen zweiten Basaltbruch eröffnet. Auch hier läuft seit 1900 ein sogenannter Erbpachtvertrag bis 1999 mit der Gemeinde Unterweißenbrunn, und auch auf Bischofsheimer Gemarkung, in der „Milchdalle", wird heute von den Vereinigten Rhön-Basalt-Werken gefördert. Das Vorkommen wird auf 400000 Tonnen geschätzt. Das Gestein wird zu Edelsplitt und dem neuen Straßenbaustoff Mineralbeton verarbeitet.

Basalt, einst der Reichtum der Rhön

Die Rhön ist in ihrem wesentlichen Aufbau in zwei Erdperioden entstanden, dem Trias, der letzten Formation des Erdmittelalters, und dem Tertiär, der ersten Formation der Erdneuzeit. Der Untergrund der Rhön wird gebildet von Buntsandstein, der ältesten Schicht des Trias, im Durchschnitt 500 Meter, stellenweise aber auch bis 1000 Meter mächtig. Er bildete sich vor etwa 200 Millionen Jahren.

Randmeere lagerten dann Muschelkalk ab, dessen Schichten 200 bis 250 Meter stark den Buntsandstein überlagern und reich an Versteinerungen sind. Der Keuper, die dritte Formation des Trias, bildete in der Rhön nur vereinzelte und geringe Ablagerungen.

Vor etwa 15 Millionen Jahren lagerten sich im Tertiär von Süßwasserseen, die unsere Heimat bedeckten, Tone, Sand und Braunkohle ab. Diese Entwicklung wurde vor etwa 10 Millionen Jahren gestört durch vulkanische Explosionen, bei denen Asche und gröbere Gesteinsteile aus der Erde gefördert wurden.

In den Explosionsschloten drang vor etwa 4 Millionen Jahren gewaltige feuerflüssige Lava nach oben, überflutete und überlagerte den Untergrund. Durch langsames Erkalten entstanden die Basaltblöcke, die heute fast überall in der Rhön zu finden sind und dem Gebirge seinen Charakter und insbesondere auch der Hochrhön ihr besonderes Gepräge geben. An einigen Stellen der Rhön – besonders deutlich und herrlich am Steinernen Haus und am Abhang des Gangolfsberges – kristallisierte die Lava durch plötzliches Abkühlen zu fünf- und teilweise sechskantigen Säulen, die sowohl in horizontaler Lage als auch in Meilerstellung vorkommen und das besondere Interesse des Fremden hervorrufen.

Die Basaltdecke der Hochrhön ist zum größten Teil nicht durch einen einzigen vulkanischen Ausbruch entstanden, sondern meist lagern die Ergüsse mehrerer Eruptionen übereinander.

Phonolith, das ältere, graue Eruptivgestein, kommt fast nur in der hessischen Rhön vor. Es ist wenig witterungsbeständig und zerfällt im Laufe der Jahre. Wenn man dagegenschlägt, klingt es (Phonolith = Klingstein).

Basalt, der jünger ist als der Phonolith und der sich durch eine tiefblaue bis schwarze Farbe zu erkennen gibt, ist widerstandsfähiger, und deshalb wurde er in zahlreichen Basaltbrüchen der Rhön abgebaut. Der Fachmann unterscheidet verschiedene Arten von Basalt, je nach seiner Zusammensetzung. Der Nephelinbasalt des Bauersberges z. B. enthält folgende Bestandteile: 43 % Kieselsäure, 15 % Tonerde, 10 % Eisen, 11 % Kalk, 9 % Natron, 5 % Magnesium und 7 % andere Bestandteile.

Basalt wird besonders als Straßenbaumaterial verwendet. Durch Sprengung wird das Gestein von der Wand gelöst. „Brecher" zerkleinern die Steine zu Schotter oder Splitt. Durch Siebe werden verschiedenen große Körnungen aussortiert.

Abnehmer sind besonders Straßenbauämter, Stadt- und Gemeindeverwaltungen. Aber auch die Bundesbahn benötigt große Mengen an Schotter für den Gleisunterbau.

Schließlich werden aus Basaltsplitt allerlei Betonwaren wie Basaltplatten, Rand- und Leitsteine, Hohlblöcke, Rohre und Dachziegel hergestellt. Die neueste und interessanteste Verwendungsmöglichkeit des Basalts stellt die Basaltwolle dar, die für Isolierzwecke als Ersatz für Glaswolle verwendet wird.

Die Basaltindustrie in der Rhön entwickelte sich im vorigen Jahrhundert, als durch die fortschreitende Motorisierung der Straßenbau immer größere Bedeutung erlangte und auch beim Bahnbau widerstandsfähiges Gestein gebraucht wurde.

Heute hat der Basalt als Straßenbaumaterial sehr an Bedeutung verloren. Der Unterbau besteht zum größten Teil aus Kalk- oder anderem Gestein. Nur für die oberste Straßenschicht wird noch Basalt verwendet.

Die Basaltindustrie der Rhön hat einen harten Kampf zu bestehen, um ihre Arbeiter weiter beschäftigen zu können. Nur Mechanisierung, Rationalisierung und Zusammenschluß garantieren Konkurrenzfähigkeit.

Rechts der Hochrhönstraße

bietet ein Parkplatz des N a t u r p a r k s „B a y e r i s c h e   R h ö n" Gelegenheit zum Abstellen des Autos. Ein n a t u r k u n d l i c h e r W a n d e r p f a d beim S t o l l e n E i n i g k e i t 1844 der ehemaligen Braunkohlengrube führt zu den geologischen Sehenswürdigkeiten des B a u e r s b e r g e s .

Skizzen und Beschreibungen geben Einblick in die über hundertjährige Braunkohlenförderung in diesem Gebiet. Freigelegte Stollen und Flöze zeigen die Ergiebigkeit, aber

Säulenbasalt am Gangolfsberg

auch die Schwierigkeiten der Förderung. Der weitere Lehrpfad zeigt eine Fülle von botanischen und ornithologischen Besonderheiten.

Links der Hochrhönstraße

kommt der Wanderer entlang der S c h w a r z b a c h , an der T e u f e l s m ü h l e und am R o t h s e e vorbei zum Ausgangspunkt zurück.

Rechts der Hochrhönstraße

findet der Wanderer in einer Höhe von 700 m ein romantisches Idyll, den 9500 m² großen R o t h s e e. Um den See führt ein Rundweg durch herrlichen Fichtenwald. Eine Fischerhütte mit Podium, ein Rastplatz und Ruhebänke gestalten das Gebiet zu einem Ort der Erholung, der Ruhe und der Stille. Am Bootssteg liegt ein Ruderboot. Den See beleben Forellen, Karpfen und Schleien. Angelkarten gibt es beim Angelsportverein, bei der Stadtverwaltung und im Gasthaus Brau-Stüble in Bischofsheim.

Links der Hochrhönstraße

zeigt ein Wegweiser zum Holzberghof. Zuerst biegen wir links (parallel zur Hochrhönstraße) in einen schattigen Waldweg ein, der uns entlang der S c h w a r z b a c h zur T e u f e l s m ü h l e führt. In einer tiefen Schlucht, die unter Naturschutz steht, rieselt das Wasser der Schwarzbach dahin. In einem herrlichen Buchenwald stürzt es etwa fünf Meter herunter. Der Wasserfall wird vom Volk Teufelsmühle genannt, und eine Sage erklärt den Namen:

Die Teufelsmühle

Vor vielen, vielen Jahren, wohl schon lange vor dem Schwedenkrieg, fiel einmal eine Kriegsbande über eine einsame Mühle irgendwo in Deutschland her, plünderte sie aus und brannte sie nieder. Der Müller hatte sein junges Weib und seine Kinder im Stich gelassen, war geflohen und beobachtete von ferne, wie der Söldnerhaufen sein Weib und seine Kinder wegführte. Er war ihnen auch eine Weile vorsichtig gefolgt, doch dann hatte ihn sein Mut restlos verlassen.

Da er in seiner Heimat nun nichts mehr verloren hatte, machte er sich auf den Weg und durchwanderte ein schönes Stück Welt. So kam er auch in die Rhönberge und rastete eines Tages gerade an der Stelle, die man heute „Teufelsmühle" nennt, auf einem Basaltbrocken, um etwas zu verschnaufen. Der Platz gefiel ihm so gut, daß er vor sich hin murmelte: „Wenn es Wasser gäbe, würde ich mir eine Mühle hier bauen, und wenn mir der Teufel dazu helfen müßte!"

Sogleich war der Böse zur Stelle und versprach, die Wünsche des Müllers zu erfüllen. Doch verlangte er als Gegenleistung die Seele des Menschen, der sich als nächster auf dem Basaltfelsen, auf dem der Müller gerade ruhte, niedersetzte. Der Müller war recht erschrocken über diesen Vorschlag und überlegte sich das Geschäft lange. Dann schlug er doch ein, aber nur unter der Bedingung, daß ihm der Gehörnte auch Weib und Kinder herbeischaffe. Aber darauf wollte der Teufel nicht eingehen. Er verlangte für die Erfüllung dieses Wunsches noch die Seele eines zweiten Menschen, der sich auf den Stein setze. Schließlich war der Müller auch damit zufrieden.

Am nächsten Morgen stand die Mühle fertig da. Der Teufel hatte mit seinen Gehilfen auch das Wasser der Schwarzbach hergeleitet. Es fiel an der Felswand herab und trieb das Mühlrad. In der Mühle fand der Müller dann auch Weib und Kinder. Er begann fröhlich, sich einzurichten.

Eines schönen Tages erschien der Teufel in der Mühle und erinnerte den Müller an sein Versprechen. Der lachte ihn aus und sprach: „Du hast dich ja selbst um deinen Lohn betrogen. Der Stein, auf dem ich damals ruhte, ist von dem kleinen Teich, den du am Fuße der Felswand geschaffen hast, vollkommen überschwemmt, und nie wieder wird eine lebende Seele auf ihm ausruhen, du dummer Teufel!"

Die Mühle ist später wieder verschwunden. Aber noch immer stürzt das Wasser an der Felswand herunter, und der Teufel fährt nachts zornig dort auf und nieder und ärgert sich über seine Dummheit, der arme Teufel.

Wenn wir auf dem Waldweg zurückwandern, kommen wir wieder zu unserem Ausgangspunkt

links der Hochrhönstraße.

Nun biegen wir nach links ein und kommen auf einem Waldweg zum H o l z b e r g (820 m), dessen Holzreichtum heute noch seinem Namen alle Ehre macht.

Der Holzberghof liegt herrlich in Wiesen und Wald eingebettet. Neben den Wirtschaftsgebäuden steht ein Schloßbau, Schloß F r e d r i k s t e i n genannt. Über dem Seiteneingang zeigen die Jahreszahl 1614 und das Wappen des Würzburger Fürstbischofs Julius Echter von Mespelbrunn (1573 bis 1617) Zeit der Erbauung und Erbauer an. Die Jahreszahl 1748 erinnert an einen Umbau des Gebäudes, das seinen Besitz oft unter Rhöner Adelsgeschlechtern wechselte. Im Jahre 1910 wurde es erneut umgebaut. Damals erhielt es seine zwei Türmchen, die ihm erst sein schloßähnliches Aussehen geben. Schon im Jahre 1502 bestand auf dem Holzberg eine Eisenschmelze. In einem Schmelz-ofen wurde in der Rhön im Tagbau gefördertes Eisenerz zu Gußeisen geschmolzen. Die Eisenschmelze war von den reichen Freiherrn von Thüngen errichtet worden. Später stand auf dem Holzberg auch ein Eisenhammer. Auch in Bischofsheim bestanden damals schon eine Eisenschmelze und ein Eisenhammer, der das Gußeisen in Schmiedeeisen umarbeitete. Die Hammermühle in Bischofsheim erinnert heute noch daran. Lange Zeit arbeitete in der Stadt auch eine Eisengießerei, die wohl in erster Linie eine Ofengießerei war. In ihr wurden die bebilderten „Herbstöfen" gegossen, wie wir sie heute noch im Rhönmuseum in Fladungen sehen können. Aber auch die beiden sehenswerten Eisen-brunnen auf dem Marktplatz in Bischofsheim mit herrlichen gußeisernen Bildplatten, dem Echterwappen und den Jahreszahlen 1582 und 1592 wurden in der Eisengießerei der Stadt hergestellt.

Eisenvorkommen in der Rhön

Das Eisenerz wurde an verschiedenen, allerdings nicht sehr ergiebigen Stellen der Rhön gefunden und im Tagbau gefördert. Zum Teil werden die Fundstellen vom Volke heute noch „Eisenlöcher" genannt. Da und dort am Kreuzberg, am Käuling, am Dammersfeld, am Kleinen Auersberg sind noch die eingestürzten Pingen (= Bingen, Vertiefungen, die von alten Gruben herrühren) zu sehen, und die Flurnamen „Eisenlöcher", „Eiserne Hand" und „Pfingstgraben" (= Pingsgraben) im Salzforst weisen noch auf Eisenförderung hin. Leider war das Eisenvorkommen in der Rhön nirgends so mächtig, daß der Rhöner Eisenindustrie ein langes Leben beschieden gewesen wäre.

1512 bis 1591 wurde auf dem Holzberg eine Glashütte betrieben. Zeitweise arbeitete noch ein Zweigwerk in der Nähe des Heidelsteines. Die Glasherstellung scheint einige Jahrzehnte in Blüte gestanden zu haben.
Eisenschmelzen und Glashütten waren damals die größten Holzfresser, denn sie wurden mit Holzkohle betrieben. Überall rauchten die Meiler, und die Köhler waren Tag und Nacht fleißig. Die kahlen Flächen der Hochrhön sind das Ergebnis ihres Wirkens.
In der Zeit der Napoleonischen Kriege wurde auf dem Holzberghof zeitweise Maultier-zucht betrieben. In den neunziger Jahren des vorigen Jahrhunderts erwarb Schloß Fredrikstein die Gräfin Schimmelmann. 1919 erwarb es Viktor Hoesch, der Besitzer des Basaltwerkes Bischofsheim. Es diente ihm als Wohnung. Dann war es RAD-Lager. Nach wiederholtem Besitzerwechsel nach dem Zweiten Weltkrieg dient es nun als Gaststätte „Jagdschloß Holzberghof".
In acht gut eingerichteten Fremdenzimmern findet der Gast Ruhe und Erholung, wenn er von Spaziergängen in die reizvolle Umgebung zurückkehrt.
Der Inhaber des Gasthauses leiht Islandpferde zum Reiten aus.
Nicht weit hinter dem Holzberg erreichen wir die Höhe der Hochrhönstraße. Der Wald lichtet sich. Wir kommen in das Gebiet der kahlen Hochfläche. Seit dem 16. Jahrhundert fehlt hier der Wald, und der Wind regiert auf der Hohen Rhön über dürftiges Gras und verkrüppeltes Gebüsch. Das Land der unendlichen Weite vermittelt den besonderen Reiz, die Einmaligkeit einer Landschaft Gottes, die Geborgenheit gibt.

Ein weiter Blick in die Landschaft bietet sich dem Auge. Silbern schlängelt sich die Hochrhönstraße durch die Matten, wird schmäler und schmäler und verliert sich am Horizont.

Aus der Geschichte der Hochrhönstraße

Früher gab es auf der Hochrhön keine Straße. Die einzelnen Gemeinden unterhielten in ihren Gemarkungen meist schlechte Wege, die besonders der Abfuhr des Rhönheues dienten. Erst zu Beginn des Zweiten Weltkrieges ging der Reichsarbeitsdienst daran, eine zusammenhängende Straße von Bischofsheim nach Fladungen zu bauen. Sie sollte der damals geplanten Kultivierung der Hochrhön dienen. Die Straße war allerdings, als der Krieg zu Ende ging, nur grob geschottert und nicht geteert.

Erst 1958 erklärten sich die Landkreise Bad Neustadt und Mellrichstadt bereit, die Straße zu übernehmen und auszubauen. Mit erheblichen Zuschüssen von seiten des Staates wurde sie mit einer Teerdecke versehen.

Am 19. Oktober 1958 wurde die neue Hochrhönstraße durch den damaligen Staatssekretär im bayerischen Innenministerium, Alfons Goppel (den späteren bayerischen Ministerpräsidenten), in einer Feier in Fladungen dem Verkehr übergeben.

Seitdem dient sie dem Fremdenverkehr. Viele Autotouristen benutzen sie als Anfahrt zu Wanderungen in eine unberührte, urwüchsige Landschaft, wie sie in Deutschland nur noch selten zu finden ist.

Wenn im Tal die Wiesen kahlstehen, wenn das Heu eingefahren ist, dann beginnt das Leben auf den Matten

links und rechts der Hochrhönstraße.

Die Bauern finden sich ein zur R h ö n h e u e r n t e. Heutzutage rücken sie mit Bulldog und Mähmaschine an. In kurzer Zeit sinken Gräser und Blumen in den Tod des Welkens. Mit Heuwendern wird das dürrende Gras bearbeitet. Bald ist das Heu aufgeladen, und die Fuhren rollen, von Bulldogs gezogen und gebremst, abwärts ins Tal. Nur an Stellen, wo es noch uneben und steinig ist, muß die Sense nachhelfen.

Da ging es früher noch gemütlicher zu. An Kiliani (8. Juli) begann nach Brauch und Herkommen die Heuernte auf der Hochrhön. War das ein Leben! Mit Sensen, Gabeln und Rechen bewaffnet zogen die Bauern in Scharen auf die Hohe Rhön. Mehrere Bauern halfen zusammen. Selbst wer keine Rhönfelder besaß, wollte dabeisein. Trotz der schweren Arbeit galt die Rhönheuernte als so etwas Ähnliches wie ein Ausflug, ein kleines Fest. Es war ein Erlebnis! Im Rucksack waren ein paar Brotlaibe, einige Schwartenmagen und Schinken („Schwarzer Hafer"), und vor allem durfte der Schnaps nicht vergessen werden. An einer geschützten Stelle wurden die Zelte aufgebaut, die für acht oder zehn Tage Heimat waren.

Früh, noch vor Sonnenaufgang, begann das Mähen. Es war eine mühsame Arbeit. Die Felder waren noch recht uneben und mit Basaltbrocken übersät. Außerdem waren die „Rhönborsten" recht hart, und es kostete viel Kraft, einen langen Mahden hinzulegen. Auch die Frauen mußten tüchtig zupacken, um das spärliche Gras, das auf dem Rechen dörrte, zusammenzurechen. Wenn erst einmal die Sonne hochkam und das letzte Tröpfchen Tau wegleckte, war es aus mit dem Mähen. Dann mußten die riesigen Flächen zusammengerecht, gewendet und, wenn ein Gewitter am Himmel aufzog, auch noch angehäufelt werden.

Kühe grasen auf Rhönmatten

Von den Plagen und Mühen der schweren Arbeit des Rhönmahders erzählt das Mähderlied des Oberelsbacher Rhöndichters:

Früh, eh' noch die Sonn' sich zeiget,
flugs man aus dem Zelte steiget,
haut und mäht den ganzen Tag,
das ist wahrlich harte Plag.

Höret gnädig uns're Bitten:
Wollet uns recht Fleisch raufschicken,
Käsebrot und Branntewein!
Laßt das Gras beim Teufel sein!

Lange dauerte es, bis man eine rechte Fuhre zusammen hatte. Dann stieg der Bauer hinunter ins Tal und holte Vieh und Wagen. An vielen Stellen war es recht sumpfig, und die Wege waren schlecht, so daß nur wenig aufgeladen werden konnte. Das kleine „Kütschle" voll wurde auf einen festen Weg gefahren, abgeladen und weitere Fuhren herausgebracht. Am Schluß mußte alles noch einmal aufgeladen werden. Oft wurden gleich zwei Wagen vollgeladen, denn heimwärts ging es bergab und rollte allein. Aber die Bremsen mußten packen!
Auf der Fuhre, hoch oben, saßen die „Mahder". Schwere Tage der Mühe hatten sie hinter sich, und trotzdem nahmen sie nur mit Wehmut Abschied von der Hohen Rhön.

Die Romantik der Rhönheuernte ist vorbei. Auch auf der Hochrhön muß es schnell gehen. Mit modernen Maschinen sind in kurzer Zeit weite Flächen gemäht. Die Hochflächen sind entsteint, so daß der Ertrag der Matten besser geworden ist und den Aufwand lohnt. Mit Bulldogs wird das Heu abgefahren.

Zwischen den Rhöngemeinden, die Besitz auf der Hohen Rhön hatten, bestand früher die Übereinkunft, die Rhönheuernte nicht vor Kiliani (8. Juli) zu beginnen. Vorher durfte niemand auf der Hochrhön mähen, und vor allem durfte kein Wagen hinauffahren. Die Zufahrtswege waren durch Schlagbäume gesperrt, die erst am Tage des hl. Kilian geöffnet wurden. Sie blieben dann auf bis zum nächsten Frühjahr. Dann wurden die Wege wieder gesperrt.

Durch diese Maßnahmen sollten Diebstähle verhindert werden. Die Bauern sollten aber auch abgehalten werden, das Rhönheu schon vor Kiliani einzufahren. Eine Verordnung des Landgerichts Mellrichstadt aus dem Jahre 1860 besagt wörtlich:

„In Sachen die Heuernte auf der Rhön betreffend wird, da sowohl Einwohner des diesseitigen als des Großherzogl. Sächsisch-Weimarischen Staates als Rhönwiesenbesitzer beteiligt sind, nach allseitiger Versicherung am Kilianitag selbst die Wiesen nicht gemäht, sondern Vorkehrungen hiezu auf den folgenden Tag getroffen werden, der Auszug auf die Rhön erst nach dem Mittagsgottesdienste erfolgt, dies nicht nur herkömmlich zulässig, sondern auch allgemeine Sitte, zudem die Hohe Rhön eine vom Ortschaften entlegene Fläche ist, so wird nichts erinnert, wenn die Rhönwiesenbesitzer am Kilianitag jeden Jahres nach beendigtem Mittagsgottesdienste, d. i. um 4 Uhr, sich auf die Hohe Rhön begeben. Dieselben haben sich jedoch des Mähens am 8. Juli jeden Jahres bei Meidung der gesetzlichen Strafen zu enthalten. Der Gemeindevorsteher von Roth hat dies vom Gemeindediener und Flurer überwachen zu lassen."

Wer vor dem Beginn der Rhönheuernte mit einem Fuhrwerk erwischt wurde, zahlte Strafe: für die Person fünf Gulden, für ein Stück Vieh ebenfalls fünf Gulden. Eine sehr hohe Strafe!

Als der Kilianitag auf den Sonntag nach dem 8. Juli verlegt wurde, war diese Verordnung hinfällig, und die Rhönheuernte begann wieder nach altem Herkommen am Tag des hl. Kilian.

Die Landwehr auf der Hohen Rhön, auch Höhl oder Hähl genannt

Die erwähnten Schlagbäume waren Teil der schon seit den ältesten Zeiten durch die Rhön ziehenden Landwehr, die in der Rhön meist Höhl oder Hähl genannt wird. Die Landwehr zog durch bis zum Rheingau. Schon Tacitus berichtete darüber.

Im Jahre 1424 wurde dieser Wall, der auf beiden Seiten einen sechs Meter breiten und bis zu vier Metern tiefen Graben hatte und mit Bäumen und Büschen dicht bewachsen war, von den beiden Nachbarn, dem Markgrafen Wilhelm von Meißen und dem Grafen Georg I. von Henneberg, neu hergerichtet.

Der Höhl bot dem Land Schutz gegen Raubgesindel, besonders aber gegen die Einfälle umherstreifender Ritter.

Die Landwehr begann nordwestlich von Ginolfs, wo heute noch – ganz nahe der Hochrhönstraße – Überreste davon zu sehen sind, zog über Oberelsbacher Gemarkung zum Ilmenberg. Wo heute die Thüringer Hütte steht, war einer der vier Durchlässe, die mit Schlagbäumen versperrt waren und von einem dort in einer Hütte wohnenden Wächter (Höhlmann) bewacht wurden. In Urspringen ist heute noch die Erinnerung an diese Hütte wach. Alte Leute können sich noch an das „Schlaghäuschen" erinnern, das einst an Stelle der Thüringer Hütte stand. Von der Thüringer Hütte lief der Höhl weiter über Altenfeld, das untergegangene Dorf, Hillenberg, Frankenheim, Ellenbogen, Unterweid, zwischen Melpers und Erbenhausen hindurch und dann entlang der Grenze Helmershausen – Ostheim.

Die Anlage des Höhl ist heute noch oberhalb des Jugendhauses Thüringer Hütte an der Straße deutlich zu erkennen. Eine Tafel erläutert die Anlage.

Um das Jahr 1545 wurde eine Landwehr auf dem Staufenberg gegenüber dem Ellenbogen errichtet, wie ein Vertrag zwischen dem Grafen Wilhelm von Henneberg und den Edlen von der Tann ausweist.

Der Höhl wurde von den Gemeinden unterhalten, durch deren Gemarkung Wall und Gräben liefen. Der Abschnitt nordöstlich der Thüringer Hütte heißt heute noch Sondheimer Höhl. Er mußte vom Sondheimer Rhön- und Höhlknecht unterhalten und bewacht werden.

Im Jahre 1848 fielen die Schlagbäume, und der Höhl hörte auf zu bestehen.

Die Matten der Hohen Rhön bieten dem Botaniker eine Fülle interessanter und seltener Pflanzen. Ein paar typische Vertreter sollen hier erwähnt werden:

Der T ü r k e n b u n d (Lilium Martagon), eine Lilie, verdankt seinen Namen einer entfernten Ähnlichkeit seiner Blüten mit einem Turban. Aus seiner goldgelben, schuppigen Zwiebel gewannen die Alchimisten des Mittelalters eine Goldtinktur, mit der sie vergeblich versuchten, unedle Metalle in wertvolles Gold zu verwandeln. Deshalb wird diese herrliche Pflanze auch Goldwurz oder Goldlilie genannt. Später wurde die Türkenbundlilie Modeblume der eleganten Damenwelt. Für die Holländer war sie einige Zeit ein gutes Geschäft, ehe sie mit der Tulpenzucht begannen. Türkenbund steht wegen seiner Seltenheit unter strengem Naturschutz.

A r n i k a (Arnica montana) oder Bergwohlverleih schmückt im Sommer große Flächen der Hochrhön. Die Blüten dieser seit Jahrhunderten bekannten Heilpflanze wurden früher in der Rhön mit Spiritus oder Schnaps angesetzt. Nach vier bis sechs Wochen ergab sich ein gutes Mittel zur Wundbehandlung und zum Einreiben. Der Tee der Anika ist schweißtreibend und wirkt anregend auf das Nervensystem. Früher wurde die Arnika auch mit einigem Erfolg bei Ruhr und Malaria angewendet. Wegen ihrer entzündungswidrigen Heilwirkung dient die Pflanze auch bei Quetschungen, Verbrennungen und Hautverletzungen. Die gesamte Pflanze enthält ein ätherisches Öl. Die Blüten enthalten darüber hinaus noch einen Bitterstoff, das Arnicin, ferner Harze, Gerbstoffe und Ameisensäure. Deshalb sollte Arnikatee nur auf ärztliche Verordnung getrunken werden. Gegen äußere Anwendung bestehen keine Bedenken. Durch rücksichtsloses Sammeln zu Heilzwecken, wobei oft nicht nur die Blüten, sondern auch die Blätter und sogar die Wurzeln entfernt werden, ist der Bestand sehr zurückgegangen. Deshalb steht die Pflanze unter Naturschutz.

Die T r o l l b l u m e (Trollius europaeus) ist selbst auf der Hochrhön schon selten geworden. Die Senkung des Grundwasserspiegels und die vermehrte Verwendung von Kunstdünger sind dafür verantwortlich, daß diese herrliche Blume, die feuchten Standort wünscht, immer mehr zurückgedrängt wird. Sie ist auch unter dem Namen Ranunkel bekannt und gehört zu den Hahnenfußgewächsen. Während sie im Tal bereits im Mai blüht, findet man ihre Blüten auf der Hochrhön erst im August; selbst im September kann man sie noch sehen. Sie ist wie alle Hahnenfußgewächse stark giftig. Kein Vieh rührt sie an. Wegen ihrer Seltenheit steht sie unter Naturschutz.

Die K u h s c h e l l e (Pulsatilla vulgaris), eine nahe Verwandte des Buschwindröschens aus der Familie der Hahnenfußgewächse, zeigt ihre samtblauen Blütenschellen an trockenen Hängen auch auf der rauhen Hochrhön schon sehr zeitig im Frühjahr. Irrtümlich wurde aus Küchenschelle der manchmal gebrauchte Name Küchenschelle. Schon seit den ältesten Zeiten wird die Pflanze in der Volksheilkunde verwendet. Die ganze Pflanze ist stark giftig. Sie enthält das gefährliche Anemonin, ein Alkaloid, das auf Rückenmark und Gehirn lähmend wirkt. Die Pflanze ist in allen ihren Teilen geschützt.

Die S i l b e r d i s t e l (Carlina acaulis) wird auch große oder stengellose Eberwurz und Wetterdistel genannt. Der Name Eberwurz deutet darauf hin, daß die Wurzeln der

Pflanze gerne von Wildschweinen ausgewühlt werden. Bei trockenem Wetter breitet die Pflanze ihre silbrigen Strahlenblüten aus, bei feuchter Witterung sind sie aufwärts gestellt und schützen das Körbchen. Daher rührt der Name Wetterdistel. Der lateinische Name soll nach einer Sage, die uns Jakob Grimm überlieferte, auf Karl den Großen zurückgehen: Im Reiche Karls des Großen war einst die Pest ausgebrochen. Viele Menschen starben, und niemand konnte ihnen helfen. Da erschien eines Nachts dem Kaiser im Traum ein Engel und befahl ihm, einen Pfeil in die Luft zu schießen. Das Kraut, das dieser beim Niederfallen treffe, werde gegen den Schwarzen Tod helfen. Kaiser Karl tat, wie ihm befohlen, und der Pfeil traf eine Silberdistel. Seitdem wurde sie als Heilmittel gegen die Pest verwendet, und sie erhielt den Namen Carlina, d. h. Karlsdistel.

Carl von Linné, der berühmte schwedische Naturforscher, dagegen erzählt uns, Karl V. (gestorben 1558) sei es gewesen, der den himmlischen Befehl erhielt. Sein Heer lag damals vor Tunis und wurde durch die Heilkraft der Karlsdistel von der Pest befreit. In der Volksmedizin wurde die Silberdistel gegen Haarausfall, bei Wassersucht und bei fiebrigen Erkrankungen verwendet.

Sie wird wegen ihrer silbrigen Strahlenblüten und der schwarzbraunen Korbblüten gern zu Sträußen gebunden, und auch die Kranzbinder stellen ihr nach. Die Pflanze wäre bald ausgerottet, wenn sie nicht vom Gesetz geschützt würde.

Die Silberdistel ist das Wahrzeichen der Rhön und wird deshalb auch Rhöndistel genannt. Der Naturpark Rhön hat sie zu seinem Symbol erhoben.

Aus dem Gesetz zum Schutz der wildwachsenden Pflanzen und der nichtjagdbaren wildlebenden Tiere (Naturschutz-Ergänzungsgesetz – NatEG) vom 29. Juni 1962:
Art. 5 Vollkommen geschützte Pflanzenarten
(1) Unbeschadet von Maßnahmen nach Art. 1 Abs. 3 ist es verboten, wildwachsende Pflanzen der folgenden Arten zu pflücken, auszureißen, auszugraben oder zu beschädigen: u. a. Türkenbund, Küchenschelle, Enzian (alle einheimischen Arten).
Art. 6 Teilweise geschützte Pflanzenarten
(1) Unbeschadet von Maßnahmen nach Art. 1 Abs. 3 ist es verboten, die Wurzeln, Wurzelstöcke, Zwiebeln oder Rosetten wildwachsender Pflanzen der folgenden Arten zu entnehmen oder zu beschädigen: u. a. Trollblume, Sonnentau, Arnika, Silberdistel.

Laß die Blumen stehn und auch den Strauch!
Andre, die vorübergehn, freun sich auch.

Große Flächen der Hochrhön werden gar nicht oder nur in schlechten Jahren gemäht, wenn das Heu knapp wird. Es lohnt sich nicht, an steilen Hängen, in sumpfigen Lagen, auf steinigem Grund mühsam die strohigen Rhönborsten abzumähen. Das sind Felder, die der Schafzucht vorbehalten sind. S c h a f h e r d e n kann der Wanderer auf der Hohen Rhön noch da und dort antreffen, wenn auch die Schafzucht in der Rhön stark zurückgeht.

In einer Kurve führt

rechts der Hochrhönstraße

die neue Straße nach Ginolfs.

Bald darauf folgt der Parkplatz „S t e i n e r n e s H a u s " mit Rundwanderwegen zum ehemaligen Basaltbruch und zum B a s a l t s e e und zum Erholungsplatz des Naturparks „Bayerische Rhön" (s. S. 32). Die Straße nach Ginolfs bringt uns noch zu dem

Am Heidelstein gedenken wir der Toten

ebenfalls vom Naturpark „Bayerische Rhön" angelegten Parkplatz „K r u m m e
H e c k e " mit zwei Stichwegen in eine romantische Wildbachlandschaft.

Links der Hochrhönstraße

erhebt sich der zweithöchste Berg der fränkischen Rhön, der 926 Meter hohe H e i d e l -
s t e i n. (Der Kreuzberg ist mit 928 Metern der höchste Berg der fränkischen Rhön.) Auf
dem Gipfel des kahlen, langgestreckten Bergrückens bildet neben einem kleinen
Wäldchen eine Basaltgruppe ein Naturdenkmal. Die Stille und Erhabenheit, die Würde

und Weite der Landschaft auf dem Heidelstein bewogen den R h ö n k l u b dazu, den Heidelstein als „heiligen Berg", den „Berg der Toten" zu betrachten. An der Naturfelsengruppe wurde 1923 ein schlichtes Steinkreuz errichtet. Die Basaltblöcke und das Steinkreuz bilden ein wuchtiges, eindrucksvolles Denkmal für die Toten des Rhönklubs und der Rhön, das weniger von Menschenhand, vielmehr fast allein von der Natur geformt wurde.

Rhönvater K a r l S t r a u b war die treibende Kraft. Seinem Wirken ist es zu danken, daß das Denkmal am 28. September 1923 geweiht werden konnte. Deshalb wurde ihm auch, nachdem er 1949 gestorben war, neben dem Steinkreuz ein Gedenkstein errichtet. Seit 1923 findet alljährlich am dritten Sonntag im September auf dem Heidelstein, dem heiligen Berg der Rhönfreunde, die Totenfeier des Rhönklubs statt, im Jahre 1986 zum 63. Male. Tausende steigen hinauf auf die schon herbstliche Hochrhön, um an dieser machtvollen Kundgebung teilzunehmen, wenn jährlich wechselnd ein katholischer, ein evangelischer Geistlicher und ein Laie in Ansprachen der Rhöner gedenken, die in den beiden Weltkriegen fern ihrer Rhönheimat ihr Leben für ihr Vaterland ließen, aber auch derer, die in den Tälern und auf den Bergen der Rhön sich mühten und plagten, bis sie auf dem Friedhof ihres Rhöndorfes ihren Frieden fanden. Durch das Fichtenwäldchen neben dem Denkmal und durch Rhönmatten führt ein Weg zum nahen S c h w a b e n h i m - m e l. Dort hat die Deutsche Bundespost 1963/64 einen 200 Meter hohen Sendemast erbaut, den eine 18,3 Meter hohe Fernsehantenne krönt, so daß die Anlage eine Gesamthöhe von 218,3 Metern erreicht. Am Fuße des Sendemastes entstand ein großes Betriebsgebäude. Der Mast dient zur Ausstrahlung des Zweiten Programms sowie der dritten Regionalprogramme Bayerns und Hessens. Außerdem verbreitet er den Funktelefondienst (Autoradio).

Von der Straße Heidelsteinkreuzung–Wüstensachsen führt eine gesperrte Zufahrtsstraße zum Gelände des Sendeturmes.

Seit 26. April 1982 ist die „Lange Rhön", das Gebiet der Hochrhön im Bereich der Gemeinden Oberelsbach, Hausen und Fladungen, Naturschutzgebiet. Es bezweckt den Schutz der Tier- und Pflanzenwelt, insbesondere der Erhaltung des Birkwildes und der Moore.

Tafeln mahnen den Besucher:

Naturschutzgebiet Lange Rhön

Dieses Gebiet dient dem Schutz vom Aussterben bedrohter Tiere und Pflanzen.
Bitte bleiben Sie auf den markierten Wanderwegen, Loipen und Reitwegen.
Befahren Sie keine Flächen außerhalb von Straßen und Wegen.
Parken Sie nur auf ausgewiesenen Parkplätzen.
Lassen Sie keine Hunde frei laufen.
Zuwiderhandlungen werden mit Geldbuße nicht unter 200 DM,– geahndet.

Landratsamt Rhön-Grabfeld

Nördlich vom Heidelstein entspringt auf hessischem Gebiet die Ulster. Ihre Quelle ist gefaßt und wird auch Goldbrunnen genannt. eine geschnitzte Holztafel trägt den Namen U l s t e r q u e l l e. Die Quelle der Ulster und ihre Umgebung, der Kesselrain, sind Naturschutzgebiet.

An der Heidelsteinkreuzung nördlich vom Heidelstein treffen sich zwei Straßen: Nach Nordwesten kommen wir nach Wüstensachsen in Hessen, nach Nordosten führt die Hochrhönstraße nach Fladungen, von Süden kommen wir aus Richtung Bischofsheim. Der Platz an der Gabelung der Straße Wüstensachsen–Fladungen ist vom Naturpark

„Bayerische Rhön" als Parkplatz „Schornhecke" mit Liege- und Spielwiese eingerichtet, wird aber im Winter nicht geräumt.

Die Straße nach Osten bringt uns nach Oberelsbach. Sie wird Franzosenweg genannt, weil sie im Ersten Weltkrieg von französischen Kriegsgefangenen erbaut wurde. Sie diente besonders der Abfuhr von Rhönheu. Heute ist sie geteert und in ausgezeichnetem Zustand wie alle erwähnten Straßen.

Eine Seitenstraße führt uns weg vom Franzosenweg zum Steinernen Haus (750 m). Dieses Gebiet an der Gemarkungsgrenze Oberelsbach–Ginolfs war früher eines der schönsten Landschaftsgebiete der ganzen Rhön. Fünf- und sechskantige Basaltsäulen traten in großen Mengen zutage. Die Stille und Einsamkeit zog viele Wanderer an. Das Basaltmeer, auch „Steinernes Meer" genannt, war ein idealer Zeltplatz für Jugendgruppen. Das Gebiet war Naturschutzgebiet.

Im Jahre 1951 verpachtete die Gemeinde Oberelsbach das Gebiet an die Basalt AG Linz a. Rh. als Steinbruch. Diese Firma begann auch mit dem Abbau der begehrten Säulen. In dem weitgehend mechanisierten Werk waren etwa 40 Arbeiter, überwiegend aus Oberelsbach und Ginolfs, damit beschäftigt, oft bei ungünstigem Wetter durch Sprengung die Basaltsäulen von der Wand zu lösen. Die Säulen wurden dann in Längen von 20, 40 und 50 Zentimetern zugerichtet. Auf Lkw wurden sie nach Hanau transportiert, wo sie auf Schiffe verladen und auf dem Wasserweg nach Holland gebracht wurden. Dort waren die Steine der Rhön für Uferschutzbauten an der Zuidersee sehr geschätzt.

Etwa 150 m unterhalb des alten Basaltwerkes hat die Firma in der Gemarkung Ginolfs einen zweiten Bruch angelegt, wo nur „Krotzen" gewonnen und zu Schotter verarbeitet wurden. Ein moderner Brecher, Siebanlagen und ein Silo dienten der Verarbeitung und Verladung des Basalts. Beide Werke wurden stillgelegt.

Wenn auch nicht verkannt werden soll, daß die beiden Basaltwerke Menschen der Rhön Verdienst gaben, so ist es doch bedauerlich, daß eines der herrlichsten Naturschutzgebiete der Rhön in wenigen Jahren unwiederbringlich zerstört wurde. Ein ganzer Berg wurde abgetragen. An Stelle des Steinernen Hauses entstand ein Krater. Da der Untergrund eine undurchlässige Schicht ist, sammelt sich das Wasser, und es entstand ein Kratersee.

Der Naturpark „Bayerische Rhön" hat in dem ehemaligen Basaltbruch den Erholungsplatz „Steinernes Haus" angelegt. Kernstück bildet der 7500 m² große Basaltsee, in dem das Baden wegen der am Grund herausragenden scharfkantigen Felsen gefährlich ist. Um den See wurden Rundwanderwege angelegt, die durch den ehemaligen Bruch führen. Überrreste von Basaltsäulen sind da und dort noch zu sehen. Bänke und Sitzgruppen laden zum Rasten ein. Hauptanziehungspunkt sind die Grillplätze. An drei Feuerstellen ist Gelegenheit zum Grillen.

Zwei Parkplätze, der eine an der Straße Hochrhönstraße–Ginolfs, der andere an der Einfahrt zum Basaltwerk vom Franzosenweg her, bieten Gelegenheit zum Abstellen der Wagen.

Die herbe Schönheit des Gebietes, die mächtigen Basaltbrocken und besonders die außergewöhnliche Form der fünf- und sechskantigen Säulen haben von je die Phantasie der Rhöner beschäftigt. Basaltbrocken von solcher Größe und Menge können nur vom Teufel mit seiner unmenschlichen Kraft hierher gebracht worden sein. Das war das Ergebnis ihres Nachdenkens, und manche Sage raunt vom Steinernen Haus und seiner bezaubernden Umgebung.

Wie das Steinerne Haus entstanden ist

Vor langer Zeit lebte in Oberelsbach ein junger Mann, der liebte ein schönes Mädchen. Aber die beiden hatten keine Hoffnung, jemals zusammenzukommen, denn sie waren beide arm und hatten „nichts zu Felde und nichts zu Dorfe" (keinen Grundbesitz und kein Haus).

Einmal arbeitete der Bursche auf der Hohen Rhön und dachte wie immer an sein Schicksal. Da murmelte er so vor sich hin: „Da baue der Teufel ein Haus!" Kaum hatte er es ausgesagt, stand der Höllenfürst auch schon vor ihm und fragte nach seinem Begehr. „Reich will ich sein, und ein großes steinernes Haus möchte ich besitzen", forderte der junge Mann. Der Teufel versprach auch, alles über Nacht beizuschaffen. Aber eine Bedingung stelle er: „In dem Haus dürft ihr nicht beten und nie den Namen Gottes nennen! Fluchen dagegen könnt ihr nach Herzenslust." Der Bursche, in seiner Not, schlug ein und versprach alles. Schon am nächsten Tag stand oben auf der Rhön, dort wo der Bursche seinen Bund mit dem Teufel geschlossen hatte, ein herrliches steinernes Haus und alles, was dazugehörte. Nun konnte das junge Paar heiraten, und am Hochzeitstag zogen sie in das neue große Haus. Die junge Frau öffnete die Schränke und die Truhen und bewunderte die herrlichen Rhöner Trachten, die dort lagen. „Nur ein Taler fehlt mit dem Bild der Gottesmutter", bemerkte die junge Frau, und das brachte sie auf den Gedanken, wie sie Gott dankbar sein müßten für das schöne, große Haus. „Laß uns niederknien und Gott danken für all unseren Reichtum", forderte sie. Der Bräutigam dachte nicht an sein Versprechen. Als sie niederknieten und das Kreuzzeichen machten, durchzuckte ein schrecklicher Blitz das Haus, aus dem Boden schlugen die Flammen hoch, vor lauter Qualm war nichts mehr zu sehen, und ein fürchterlicher Schwefeldampf erfüllte das Haus. Unter Donnern und Krachen stürzten Wände und Decken ein, und bald war von dem prächtigen Bauwerk nichts mehr zu sehen als die Säulen, aus denen es der Teufel erbaut hatte. Und seither nennen die Menschen den Platz „Steinernes Haus".

Dem jungen Paar aber konnte der Teufel nichts anhaben. Denn wer betet, der kann nicht verlorengehen. Die Eheleute lebten von da an in einer kleinen Lehmhütte – arm, aber zufrieden.

Aber immer noch treibt der Teufel sein Unwesen zwischen den Basaltbrocken und in der Umgebung.

Teufelsspuk am Steinernen Haus

Daß es am Steinernen Haus nicht geheuer ist, weiß jeder in der Umgebung. Von Zeit zu Zeit steigt aus dem Gestein schwarzer Rauch hoch. Manchmal sieht man auch Feuerschein, oder man riecht Schwefeldampf. Wer dahintersteckt, kann sich jeder denken.

Nicht weit vom Steinernen Haus liegt ein bewaldeter Hügel, der einfach „Bühl" genannt wird. Auch von ihm erzählt die Sage:

Der „Bühl" auf der Oberelsbacher Rhön

Am „Bühl" stand schon zur Heidenzeit ein Schloß, in dem ein reiches Grafengeschlecht wohnte. Als das Christentum ins Land kam, ließen sich die Edlen taufen. Gott zu Ehren und zur Sühne für ihr früheres Leben wollten sie in dem Dörflein Ginolfs dem Herr eine Kirche erbauen. Sie ließen Basaltsäulen auf dem mühsamen Weg vom Steinernen Haus herunterschaffen. Das ärgerte den Teufel. Er versuchte alles, das Eindringen des Christentums zu verhindern, und mit seiner ganzen Kraft arbeitete er auch gegen den Bau der Kirche. Jede Nacht schaffte er alle Steine, die tagsüber heruntergebracht worden waren, wieder hinauf an ihren alten Platz. Dabei machte er so einen Lärm, daß den Edlen ganz unheimlich wurde. Der Böse machte ihnen das Leben so schwer, daß sie schließlich ihre Heimat verließen und sich an einem anderen Platz ansiedelten. Allmählich zerfiel das Schloß und verschwand zuletzt ganz vom Erdboden. Wenn man zum Gangolfsberg hin weitergeht, kommt man bald zum „Gärte". Die Sage erzählt davon:

Vom Prozessionsweg im „Gärte"

An dieser Stelle stand die älteste christliche Kirche der ganzen Rhön. In alten Zeiten kamen Wallfahrer von weit her, besonders aber von den später untergegangenen Siedlungen Lanzig und Lahr, um hier zu beten und ihre Andacht zu verrichten. Ein Pfad, der vorbeiführt, war früher der Prozessionsweg. Er sieht heute noch wie begangen aus, und kein Gras wächst auf ihm, denn die Toten halten in der Geisterstunde immer noch ihren Umgang.

Jenseits des Franzosenweges führt uns die Els an ihr Quellgebiet. Die rauhe Schönheit, der herbe Reiz dieser Landschaft ziehen Wanderer an, die die Einsamkeit suchen. Zwischen Stuppberg und Gangolfsberg von der Elsbrücke an aufwärts bis zum Ende des Staatswaldes ist die Els mit ihren Ufern Naturdenkmal. Ganz in der Nähe, am südlichen Abhang des Gangolfsberges, liegen die Wüstungen der beiden untergegangenen Dörfer L a n z i g und L a h r. Gebrannte Ziegelstücke, Mörtel und behauene Steine bezeichnen heute noch die Plätze. Die Sage weiß zu berichten:

Die Wüstungen Lanzig und Lahr

Bei der Zerstörung Lanzigs sind nur zwei junge Mädchen am Leben geblieben, und beide hießen sie Else. Ihnen verdanken die Orte Ober- und Unterelsbach ihre Entstehung. Als Lahr unterging, konnten sich nur drei Jungfrauen retten. Zwei von ihnen zogen nach Urspringen, eine nach Oberelsbach. So kam es, daß Urspringen zwei Drittel, Oberelsbach aber nur ein Drittel der Lahrer Flur erhielt. Bei der Aufteilung der Gemarkung kamen die Steinsetzer von Urspringen und Oberelsbach schwer aneinander, weil sie sich über die Grenzziehung nicht einig werden konnten. Ihr Streit wurde durch einen heftigen Donnerschlag unterbrochen. Die Feldgeschworenen waren so erschrocken, daß sie den Markstein fallen ließen. Er rollte den Berg hinunter. Da wurden die Streithähne auf einmal einig. Sie glaubten, Gott habe den Streit entschieden, und setzten den Stein am anderen Tag dorthin, wo er liegengeblieben war und wo sie ihn gefunden hatten. Er steht heute noch, einige Schritte vom Elsbach entfernt, am Fuße des Amselberges, der auch „Ommerschellsberg" genannt wird. Den Markstein, der den Streit wie durch ein Gottesurteil entschied, nennen sie heute noch den „Donnerkeil".

Von der Elsquelle gelangen wir wieder zurück zur Hochrhönstraße. Nach kurzer Wanderung führt eine Straße

rechts der Hochrhönstraße

zum I l m e n b e r g (787 m). Am Abhang des Ilmenberges, links der Straße, in einem Wäldchen versteckt, bildet der D ö r n e r g r a b e n einen Wasserfall und einen kleinen Teich, der beim Volk den Namen N i x e n t e i c h hat. Bald danach versickert das Wasser des Dörnergrabens, der bis nach Sondheim v. d. Rhön zu beobachten ist, aber kein Wasser führt.
Am Fuße des Ilmenberges auf ehemals thüringischem Gebiet liegt der Berggasthof „T h ü r i n g e r H ü t t e" (700 m). Am Waldrand verläuft die damalige thüringisch-bayerische Grenze. Grenzsteine sind noch zu sehen. An der gleichen Stelle zog sich in

Viele Hutbuchen sind als Naturdenkmale geschützt

älteren Zeiten der Höhl hin. Die Anlage ist oberhalb des Jugendhauses noch sehr gut zu erkennen. Die Straße, die zur Hochrhönstraße führt, war früher einer der vier Durchlässe. An Stelle der Thüringer Hütte stand ein Wächterhäuschen, das „Schlaghäuschen". In den dreißiger Jahren erbaute die Gemeinde Urspringen an Stelle des alten Wachhäuschens eine Schutzhütte für die Bauern, die auf der Rhön arbeiteten. Dort fanden sie Schutz vor den Unbilden der Witterung. Im Jahre 1940 errichtete die Gemeinde mit Hilfe von Zuschüssen des Landes Thüringen und des Kreises Meiningen die jetzige „Thüringer Hütte". Gleichzeitig wurde auch die Straße Urspringen–„Thüringer Hütte" ausgebaut und geteert. Seit Kriegsende wurden immer wieder bauliche Verbesserungen vorgenommen, so daß die „Thüringer Hütte" heute zum Aufenthalt und als Unterkunft von Wanderern gerne benutzt wird. In dem großen Aufenthaltsraum des Berggasthauses werden auch Speisen verabreicht.

Die „Thüringer Hütte" gehört zur thüringischen Enklave mit der Stadt Ostheim und den Dörfern Stetten, Urspringen und Sondheim v. d. Rhön. Sie ist seit 1945 Bayern angeschlossen.

Jenseits der Straße steht das Jugendhaus „Thüringer Hütte". Ursprünglich wurde das Gelände nur als Zeltplatz benutzt. Dann errichtete der Kreisjugendring Mellrichstadt ein kleines festes Gebäude zur besseren Bewirtschaftung des Zeltlagers. 1959 übernahm die Diözesanjugendstelle Würzburg den Platz und baute ein Haus, das

24

nach Renovierung und Erweiterung allen Bedürfnissen der Jugend gerecht wird. Das Gebäude ist zweckmäßig eingerichtet. Es hat 36 Betten in sieben Zimmern für Jugendliche und ein Zweibett- und ein Einbettzimmer für Begleitpersonen, alle mit Waschgelegenheit, außerdem Unterrichts-, Gruppen- und Speiseraum.

An Lehrmitteln sind Fernsehgerät, Schultafel, Tageslichtprojektor, Diaprojektor, Rhönliteratur und Wanderkarten vorhanden.

Spielwiese, Spielraum, Tischtennisraum und viele markierte Wanderwege bieten ausreichend Möglichkeit zur Freizeitgestaltung.

Das Heim bietet ganzjährig Möglichkeit für Landschulheimaufenthalte, Schulungskurse, Ferienfreizeiten, Gymnastik- und Skiwochen. In den Sommermonaten ist ein Zeltlager mit einer Blockhütte angeschlossen.

Nördlich des Berggasthofes „Thüringer Hütte" wurde 1971 am Abhang des Ilmenberges ein S k i l i f t eröffnet. Er überwindet auf einer Länge von 350 Metern einen Höhenunterschied von 67 Metern und kann stündlich 1000 Personen befördern. Auf drei Abfahrtspisten sind Anfängern, Fortgeschrittenen und Meistern verschiedene Schwierigkeiten der Abfahrt geboten.

Der P a r k p l a t z T h ü r i n g e r H ü t t e des Naturparks „Bayerische Rhön" ist Ausgangspunkt von Rundwanderungen. Von der „Thüringer Hütte" führen gute Straßen zur Hochrhönstraße, zur Rother Kuppe und nach Urspringen. Ein gemütlicher Waldweg bringt uns zu dem langgezogenen G a n g o l f s b e r g (740 m) mit seinem Naturschutzgebiet. Auf dem Rücken dieses Tafelberges stehen einige Grundmauern, die Ruine der Gangolfskapelle. Die Anlage ist in ihrem Grundriß noch deutlich zu erkennen. Es

Gemeinde Hausen

Die Gemeinde Hausen liegt im Nordosten des Gebirgskammes „Hohe Rhön", ca. 25 km nördlich von Bad Neustadt. Das gesamte Gemeindegebiet gehört zum **„Naturpark Rhön".** Einen großen Teil der Gemeindefläche nimmt das Naturschutzgebiet „Lange Rhön" ein. Natur und Landschaft des Ortes sind gekennzeichnet durch eine Vielfalt an seltenen Naturschönheiten und einen großen Erholungswert. Auf den Bergen und Anhöhen mit ihren unberührten Grasmatten kann man die Weiträumigkeit der Landschaft, das Land „der offenen Ferne" erleben. Der Stirnberg (900 m), der Steinkopf (719 m) und die Rother Kuppe (710 m) sind die höchsten Erhebungen. Die Kuppen bestehen meist aus Basalt, der vor allem auf dem Rother Berg (638 m) abgebaut wurde. Eine besondere Rarität stellt das „Schwarze Moor" dar. Mit 60 ha ist es das größte Moor auf dem Hochrhönplateau (710 m). Ein Moorpfad führt durch dieses einzigartige Naturschutzgebiet mit den dunklen Mooraugen, den seltenen Pflanzen und Tieren, wie z. B. das Birkwild. In der Nähe hat der urgewaltige Eisgraben seinen Ursprung. Das Gewässer, das vor allem im Frühjahr während der Schneeschmelze zu einem reißenden Wildbach anwächst, hat sich ein tiefes Bett mit Basaltgeröll gegraben. An der Eisgrabenwand liegt auch die Frauenhöhle, eine sagenumwobene Basalthöhle mit 50 m Länge. Von hier ist es nicht weit zum Hillenberg, auf dem einst die Hildenburg stand. Es sind nur noch kümmerliche Reste der Burg erhalten.

In den Dörfern selbst findet man Ruhe und Geborgenheit. Die Bevölkerung pflegt ein gesundes und reges Gemeinschaftsleben. Die Struktur der Dörfer ist noch geschlossen und unverfälscht. Auf Grund dieser idealen Vorbedingungen entstanden im Laufe der Zeit neben den Dorfgaststätten und Pensionen bedeutende Fremdenverkehrseinrichtungen. An erster Stelle ist das „Rhön-Park-Hotel" zu nennen, eine großzügig konzipierte Freizeitanlage mit 320 Appartements. Dieses „Paradies im Herzen Deutschlands" bietet Einrichtungen für einen „Urlaub total". Ein beliebtes Ausflugsziel wurde der **„Berggasthof Rother Kuppe"** (711 m) mit Aussichtsturm, eine Einrichtung des Rhönklubs. Die Diözese Würzburg schuf das „Jugendhaus Thüringer Hütte" mit Zeltplatz, eine Begegnungsstätte für die Jugend. Das Haus kann auch als Schullandheim genutzt werden. Ein weiterer Jugendzeltplatz befindet sich auf dem Hillenberg. Wintersportmöglichkeiten bestehen an der „Thüringer Hütte".

Die beiden Ortsteile Hausen und Roth und der Hillenberg können auf eine lange Vergangenheit zurückblicken. Während die Hildenburg bereits im 8. oder 9. Jahrhundert bestand, wurde Roth 796 nach Chr. und Hausen 855 nach Chr. zum erstenmal urkundlich erwähnt.

handelt sich um eine Kapelle und ein Nebengelaß, das eine Saktristei oder eine Klause gewesen sein könnte. Ursprünglich soll es eine Michaelskapelle gewesen sein, was auf ihr hohes Alter schließen ließe. Die Zeit ihrer Entstehung ist unbekannt. Funde bei Grabungen des Verfassers 1969 und 1970 weisen darauf hin, daß die Kapelle um 1300 zerfiel. Ein menschliches Skelett wurde unter den Trümmern gefunden. Seine Bedeutung konnte nicht geklärt werden.

Die Sage weiß zu berichten:

Der heilige Gangolf und der Teufel

Als der hl. Gangolf seines Wanderlebens müde war, kam er auf den Gangolfsberg, um auf dem Gipfel ein Kloster zu errichten. Zuerst schaffte er einen frischen Born aus Fulda auf den Berg. Dann begann er sein Werk, und die Engel halfen ihm dabei.

Das gefiel aber dem Teufel gar nicht, und er begann, auf dem gegenüberliegenden Gipfel ein mächtiges Haus für sich und sein Gesindel aufzurichten, und Gangolf und Teufel wetteiferten miteinander, wer wohl zuerst sein Werk vollende.

Eines Tages fuhr der Teufel mit dem mächtigen Schlußstein durch die Luft daher und freute sich über seinen Sieg. Aber da hörte er aus dem Kloster des hl. Gangolf schon Glockenklang, Orgelrauschen und frommen Gesang. Der Teufel hatte verspielt. Darüber geriet er so in Wut, daß er den gewaltigen Schlußstein auf sein eigenes Bauwerk schleuderte und alles, was er erbaut hatte, wieder zerstörte. Die Trümmer sind das Steinerne Haus.

Die Verehrung des hl. Gangolf wurde vom Kloster Fulda sehr gefördert. Auch die Gangolfskapelle bei Fladungen verdankt dieser Verehrung ihre Entstehung. Wenn die Sage auch nicht recht damit hat, daß der h e i l i g e Gangolf dort gewohnt habe, so kann doch ein Gangolf dem Berg seinen Namen gegeben haben. So erzählt eine andere Sage:

Gangolf der Einsiedler

Auf der Hildenburg bei Roth lebte einst der reiche und fromme Ritter Gangolf. Als sich in Kriegszeiten feindliche Soldaten seiner Burg näherten, verbot er seinen Knechten, die Burg zu verteidigen, um unnötiges Blutvergießen zu vermeiden. Seine Friedensliebe wurde schlecht belohnt: Er mußte zusehen, wie die Soldaten sein Weib und seine Kinder hinmordeten und wie seine Burg in Flammen aufging. Er zog sich als Einsiedler in den Wald zurück, führte ein frommes, gottgefälliges Leben und erbaute sich eine Kapelle. Die Überreste dieser „Gangolfskapelle" sieht man heute noch auf dem Gangolfsberg bei Oberelsbach.

Auf dem Gipfel des Gangolfsberges befinden sich Überreste eines zweiteiligen Ringwallsystems von 400 × 150 m aus vorgeschichtlicher Zeit. Sehenswert ist ein noch gut erhaltenes Zangentor, das zusätzlich durch eine an das Tor anschließende Terrasse mit vorgelegtem Graben geschützt ist. In die vorgeschichtliche Anlage wurde im frühen Mittelalter die W e r i n f r i e d e s b u r g gebaut.

Die drei weißen Jungfrauen am Gangolfsberg

Ein armes, aber braves Mädchen aus Oberelsbach ging einmal auf den Gangolfsberg, um Haselnüsse zu holen. Auf dem Gipfel, dort, wo einst das Kloster gestanden, gewahrte es unter einem Baum drei weiße Jungfrauen, die auf einem weißen Tuch ihre „Knotten keinten" (Flachssamen entkernten). Als das Mädchen eine Weile zugesehen hatte, winkte eine der Jungfrauen und gab ihm zu verstehen, es solle sich von den Knotten mitnehmen. Da lachte das Mädchen und sagte in seiner Unwissenheit: „Die haben wir auch daheim, mehr als ihr!" Da waren auf einmal Jungfrauen und Knotten verschwunden. Totenblaß lief das Mädchen den Berg hinunter. Es hatte sein Glück verscherzt, denn sicherlich wären die Knotten zu Silber oder Gold geworden.

Auf einem steilen, ziemlich beschwerlichen Pfad gelangen wir zum Südwestabhang des Gangolfsberges mit seinen sehenswerten „Naturdenkmälern". Hier kann der Wanderer eines der herrlichsten Basaltvorkommen der ganzen Rhön bewundern.
Ein Meer von Basaltblöcken lädt zum Klettern ein. An steilen Felswänden hochkletternd, von Block zu Block springend, führt der gefährliche Pfad zum Gipfel der Wand. Eine herrliche Aussicht hinüber zum Kreuzberg und besonders hinunter ins Elstal belohnt den Bergsteiger.
Nie sangen unsere Schüler so begeistert – zwar nicht schön, aber laut – das Rhönlied wie dort oben:

> Ich weiß basaltene Bergeshöh'n
> im Herzen der deutschen Gau'n,
> nicht riesenhoch, doch bezaubernd schön,
> möcht immer und immer sie schau'n!

Viel mehr Erstaunen aber rufen die beiden Basaltwände hervor. Bei der einen wachsen liegende Basaltsäulen in den Berg hinein und zeigen sich in einem Bild wie Bienenwaben. Die andere Wand wird aus stehenden Säulen gebildet (Kraterstellung!), die wie ein gotischer Dom in den Himmel ragen. Aber, so erzählt die Sage, der Teufel sei der Erbauer der schönen Naturgrotte gewesen.

Die Sage von der Teufelskirche

Als die Rhön noch heidnisch war, da fühlte sich der Teufel noch als Herr des Gebietes. Da kam aber der heilige Kilian ins Land, predigte das Christentum, und viele ließen sich taufen. Darüber ärgerte sich der Teufel schrecklich. Als gar damit begonnen wurde, im Tal eine Kirche zu bauen, geriet der Teufel so in Zorn, daß er alle Steine, die zum Kirchenbau herbeigebracht wurden, hinauf auf den Gangolfsberg schleppte und dort so fest zu einer Grotte zusammenfügte, daß sie kein Mensch mehr auseinanderbringen kann. Als die Leute das merkten, zeichneten sie auf jeden Baustein ein Kreuz. Da mußte der Teufel die Finger davonlassen.
Die Steine aber, die er schon vorher hinaufgebracht hatte, bilden die Teufelskirche.

Auf einem steilen Gebirgspfad gelangt der Wanderer zum „Teufelskeller", einer der seltenen Naturhöhlen im Basalt, die dadurch entstanden ist, daß ein gewaltiger Felsbrocken herabstürzte und sich an den Felswänden verklemmte. Die Höhle ist etwa drei mal fünf Meter und weniger als einen Meter hoch.
Der gesamte Gangolfsberg trägt prächtigen Buchenwald, der nur sehr vorsichtig durchforstet und stellenweise im Naturzustand belassen wird.
Neben den Naturdenkmälern und dem herrlichen Buchenwald hat Gott diesen Berg mit einer reichen und seltenen Flora gesegnet. Sogar einige Orchideenarten findet der Botaniker. Der gesamte Berg ist Naturschutzgebiet. Die Basaltvorkommen am SW-Abhang des Gangolfsberges sind in das Naturdenkmalbuch eingetragen und stehen damit unter dem Schutz des Naturschutzgesetzes.

Naturdenkmäler sind Einzelschöpfungen der Natur, deren Erhaltung im öffentlichen Interesse liegt.

Das Bayerische Naturschutzgesetz vom 27. Juli 1973 schreibt für Naturdenkmäler u. a. vor: Die Entfernung, Zerstörung oder sonstige Veränderung der Naturdenkmäler ist verboten. Unter dieses Verbot fallen alle Maßnahmen, die geeignet sind, die Naturdenkmäler oder ihre Umgebung zu schädigen oder zu beeinträchtigen, z. B. durch Anbringen von Aufschriften, Errichten von Verkaufsbuden, Bänken oder Zelten, Abladen von Schutt oder dergleichen. Als Veränderung eines Naturdenkmals gilt auch das Ausästen, das Abbrechen von Zweigen, das Verletzen des Wurzelwerks oder jede sonstige Störung des Wachstums, soweit es sich nicht um Maßnahmen zur Pflege des Naturdenkmals handelt. Zu den vom Gesetz geschützten Naturdenkmälern im Bereich der Hohen Rhön gehören neben dem SW-Abhang des Gangolfsberges u. a. noch die Eisgraben bei Hausen, die Frauenhöhle bei Hillenberg, der Reupersgraben in den Gemarkungen Roth und Hausen und eine große Zahl von Linden, Buchen, Blutbuchen und Eichen in den Gemarkungen Stetten, Roth, Hausen, Rüdenschwinden, Fladungen und Oberfladungen, die durch ein Schild mit der grünen Aufschrift „Naturdenkmal" gekennzeichnet sind.

Um den Gangolfsberg hat der Naturpark „Bayerische Rhön" einen Naturlehrpfad angelegt, der auf Sehenswürdigkeiten biologischer, geologischer und historischer Art hinweist. Zwei Parkplätze stehen zur Verfügung.

Am Fuße des Gangolfsberges steht das ehemalige Forsthaus. An dieser Stelle lag früher der Hof Wermers. Es soll früher eine Benediktinerpropstei des Klosters Fulda gewesen sein, die von Abt Rabanus Maurus († 856) erbaut worden sein soll. Zum Teil wird auch behauptet, das Kloster oder jedenfalls Teile davon hätten auf dem Gipfel des Gangolfsberges gestanden.

Mitte Mai 1525, im Bauernkrieg, lagen am Gangolfsberg 4000 aufrührerische Bauern aus der Umgebung und erhoben sich gegen ihre Herren. Sie sollen in der Pfingstwoche dieses Jahres das Kloster am Gangolfsberg zerstört haben. In dem von dem Würzburger Fürstbischof Conrad von Bibra (1540–1544) am 1. Juli 1540 angefertigten Verzeichnis wird der Gangolfsberg noch als Propstei erwähnt. Die Wallfahrt dorthin war damals wohl schon stark zurückgegangen. Am Ende des 15. Jahrhunderts schon finden wir den Hof Wermers zur Hälfte im Besitz des Herren zu Bastheim, zur anderen Hälfte gehörte er den Herren von Heldritt zu Helmershausen. In der folgenden Zeit gelangte der Hof allmählich an die Universität Würzburg, die 1671 Alleinbesitzer des Hofes war, der aus 105 Morgen Ackerland, 78½ Morgen Rhönfelder, 1½ Morgen Garten- und Krautland, zwei Häusern, Stallungen, Scheunen und Nebengebäuden bestand.

Am 11. Januar 1821 wurden die Gangolfsberger Güter an den bayerischen Staat vertauscht. Seitdem ist der alte Hof Wermers eine Försterei. Daneben erbaute im Jahre 1900 Freiherr von Schellerer eine kleine Villa, die nach zweimaligem Besitzwechsel 1922 von ihrem letzten Besitzer Michaelis an den Rhönklub-Zweigverein Schweinfurt überging, der das Haus als Wanderheim benutzte. Durch mehrmalige Umbauten und Verbesserungen in den letzten Jahren wurde das „Schweinfurter Haus" modernisiert und dient nicht nur den Schweinfurter Rhönfreunden, sondern allen Rhönwanderern als Übernachtungs- und Aufenthaltsstätte. Es liegt 600 m über NN, hat Teilselbstversorgerküche und in 23 Mehrbettzimmern 57 Betten, 2 Duschen, 8 Doppelzimmer mit Dusche und WC, alle Zimmer fließendes kaltes und warmes Wasser, Zentralheizung. Mit seiner herrlichen Lage in unmittelbarer Nähe der Naturdenkmäler am Gangolfsberg ist es ein idealer Aufenthaltsort für erholungsbedürftige und ruhesuchende Gäste.

Seit 1983 ist auch das „Alte Forsthaus" im Besitz des Rhönklub-Zweigvereins Schweinfurt. Es bietet mehr Komfort als das Schweinfurter Haus in acht Doppelzimmern mit

Naßzellen, hat Teeküche und Terrasse. Das Schweinfurter Haus beherbergt eine Gaststätte.

An der gutausgebauten Bergstraße Urspringen – Thüringer Hütte hat der Naturpark „Bayerische Rhön" den P a r k p l a t z J u n g v i e h w e i d e mit Liegewiese angelegt. Von diesem ist ein Weg zum Naturlehrpfad Gangolfsberg markiert.

An der Straße Urspringen–Thüringer Hütte liegen auch die verlassenen Basaltsteinbrüche „Kuhsprung I" und „Kuhsprung II". Ihren Namen hat die Flur von einer Kuh erhalten, welche die steile Felswand heruntersprang, die sich früher hier auftürmte. Die Erste Bayerische Basaltstein-AG, die seit 1898 ein Schotter- und Edelsplittwerk in Nordheim v. d. Rhön betrieb, hat diese Wand abgebaut. Mittels einer 6,5 km langen Seilbahn wurden die Basaltsteine zum Werk Nordheim geschafft und dort verarbeitet. Die beiden Brüche sind restlos ausgebeutet und werden nicht mehr benutzt. Eine wildromantische Landschaft ist an ihrer Stelle entstanden. Darüber ist ein Waldstück sehr sehenswert, das durch den Basaltabbau etwa zehn Meter tief eingebrochen ist.

In der Nähe liegt in einem Wald die Wüstung Altenfeld. Das Dorf ist 1435 urkundlich erwähnt, wo es zusammen mit anderen Ortschaften, welche die Herrschaft Hiltenburg bildeten, von Bischof Johann von Brunn (1411–1440) mit allen Rechten und Gerechtigkeiten, allerdings unter Vorbehalt des Wiederkaufs, an den Grafen Georg von Henneberg-Römhild für 12990 Gulden verkauft wurde. Grundmauern verschiedener Gebäude, der Kirche und des Kirchturms sind noch vorhanden. Der Kirchbrunnen des verschwundenen Dorfes wurde 1930 von der Gemeinde Sondheim v. d. Rhön gefaßt und als Quelle für die Wasserleitung verwendet. An der Brunnenstube erinnert eine Inschrift noch an das frühere Dorf Altenfeld:

> Kirchbrunnen werd' ich genannt,
> versorgte den Ort, der einst hier stand.
> Um den Berg eil' ich jetzt zu Tal,
> Sondheim grüßend viel tausendmal.
>
> 1930

Da außer der einen Erwähnung und den Grundmauern von dem Dorf Altenfeld nichts mehr vorhanden ist, hat sich die Sage des Platzes angenommen und raunt:

Die Geister von Altenfeld

Eine gefaßte Quelle, der „Kirchbrunnen" des Dorfes, zeugt noch vom Vorhandensein des Dorfes Altenfeld.

Und eins ist auch ganz gewiß: In den heiligen Nächten, besonders in der vom 7. auf den 8. Dezember (Mariä Empfängnis), kann man dort einen gar lieblichen Gesang hören, so daß man niederknien und ein Vaterunser für die Bewohner des untergegangenen Dorfes beten muß. In dieser Nacht ziehen die versunkenen Frommen zur Kirche des Dorfes, um für ihr Seelenheil zu beten.

Ein Rother hat die herrliche Musik auch schon in der Nacht auf den letzten Quatember vernommen. Viele von Roth sind schon der Musik zuliebe nachts auf das Altenfeld gegangen und haben sie auch gehört.

Der Rundberg R o t h e r K u p p e (710 m) hat dem Rhönklub-Zweigverein „Rother Kuppe" mit dem Sitz in Nordheim v. d. Rhön seinen Namen gegeben. Als Wahrzeichen ihres Wandervereins bauten die Nordheimer Rhönfreunde unter ihrem unermüdlichen Vorsitzenden Ferdinand Schloth in den Jahren 1890/91 auf der Rother Kuppe einen

Aussichtsturm in Holzkonstruktion. Trotz großer Opfer und Mühen um die Unterhaltung stürzte der Turm, von der rauhen Witterung hart bedrängt, in den Jahren nach dem Zweiten Weltkrieg ein. Als 1951 neues Leben im Zweigverein „Rother Kuppe" sich regte, war es das erste Ziel des Vereins, sein Wahrzeichen, den Aussichtsturm auf der Rother Kuppe, wieder zu errichten. Am 15. Mai 1955 konnte er eingeweiht werden. Im Jahre 1960 wurde neben dem Turm ein Wanderheim erbaut. Als sich zeigte, daß der Turm, besonders die Holzkonstruktion in den oberen Stockwerken, der rauhen Witterung der Rhön nicht gewachsen war, wurde er abgebrochen und an seine Stelle 1966/67 ein neuer, der dritte, in Stahlbetonbauweise errichtet. Er ist 21,50 Meter hoch und bietet in der Aussichtskanzel einen herrlichen Ausblick in die fränkische und über die Landesgrenze in die thüringische Rhön.

Nach einem Anbau an das Wanderheim 1967 wurde es 1969 vergrößert und ausgebaut. Heute ist es mit Wasserleitung, Strom, Zentralheizung, moderner Küche und zwei Kühlräumen bestens ausgestattet und allen modernen Anforderungen gewachsen.

Die B e r g g a s t s t ä t t e mit W a n d e r h e i m R o t h e r K u p p e ist für ihre Speisen und Getränke weit bekannt. Parkplätze sind vorhanden.

Alljährlich am letzten Sonntag im Juli treffen sich die Rhönfreunde aus der näheren und weiteren Umgebung zum traditionellen Bergfest auf der Rother Kuppe. Der Naturpark „Bayerische Rhön" hat am Fuße der Rother Kuppe einen Parkplatz mit Rundwanderwegen angelegt.

Im März 1975 wurde das am Südosthang der Rother Kuppe erbaute „Rhön-Park-Hotel" eröffnet. Es hat 10 Luxusappartements, 209 Appartements, 96 Studios, 5 Restaurants, Tagungs- und Festräume, Kindergarten und viele Möglichkeiten für Freizeitgestaltung, Sport, auch Wintersport, und Wandern.

Am Osthang der Rother Kuppe liegt der Justusbrunnen, eine Quelle, die 1893 zu Ehren des ersten Rhönklubpräsidenten, des Geheimen Sanitätsrats Dr. Justus Schneider, gefaßt wurde.

Der R o t h b e r g wurde vom Basaltwerk Nordheim v. d. Rhön als Steinbruch benutzt und völlig abgetragen. Hier kann der Wanderer sehen, wie manch ein Berg der Rhön aufgebaut ist.

Der als Naturdenkmal geschützte R e u p e r s g r a b e n führt uns über den Reupershof, der als Wohnung des Jagdpächters dient, zurück zur Rother Kuppe.

Auf unserem Weg kommen wir vorbei am S t e i e r, dem ehemaligen Bruch des Basaltwerks Nordheim. Ein gewaltiger, moderner Brecher am Abhang des Berges verarbeitete das Gestein, das, wie Versuchsbohrungen ergeben haben, für mindestens 30 Jahre ausreichte. Die Loren der Seilbahn beförderten den Basalt über den Rothberg zum Schotterwerk in Nordheim, dem eine Zementwarenfabrik angeschlossen war. Das Werk wurde im Zuge der Rationalisierung geschlossen. Der Bruch ist eine geologische Sehenswürdigkeit.

Links der Hochrhönstraße

breitet sich das H o h e P o l s t e r (845 m) aus, ein langgezogener Bergrücken. Ein romantischer Wanderweg führt zuerst durch Rhönmatten, dann durch Jungwald ein herrlicher Wanderweg zum Gipfel des Stirnberges.

Links und rechts davon liegen die Naturschutzgebiete K l e i n e s und G r o ß e s M o o r. Verkrüppelte Kiefern und Birken, Graspolster auf feuchtem Untergrund und Heidekraut sind noch typische Anzeichen des Moorbodens. Aber durch Austrocknung verlieren diese beiden Gebiete immer mehr ihren ursprünglichen Moorcharakter. Ein Teil des Großen Moores ist vor Jahren einmal abgebrannt. Die noch emporragenden

Verschneite Hochrhönlandschaft

angekohlten Baumstämme geben der Landschaft einen gespenstischen Anblick.
Der Gipfel des S t i r n b e r g e s (902 m), über den die bayerisch-hessische Grenze
verläuft, trägt einen Wegweiser, der ihn als Knotenpunkt von Wanderwegen ausweist.
Nach Südwesten führt ein markierter Weg zum Heidelstein und zur Ulsterquelle. Nach
Westen zeigt der Wegweiser am Stirnberg zum hessischen Marktflecken Wüstensachsen,
einer uralten Siedlung, die heute durch Holzschnitzerei von sich reden macht, und zum
Ulstertal vorbei am Lettengraben, einer ehemaligen Braunkohlengrube, die im Krieg in
Betrieb war, jetzt aber wieder stillgelegt wurde.
Der Wanderweg nach Norden führt zum Schwarzen Moor, vorbei am Q u e r e n b e r g
(804 m). Von seinem Gipfel hat der Wanderer einen Blick hinüber über die Landesgrenze
zum E l l e n b o g e n (814 m), dem höchsten Berg der thüringischen Rhön, der das
Quellgebiet der Streu und der Felda ist.

Der R h ö n k l u b e. V. Fulda ist seit seiner Gründung im Jahre 1876 bemüht, den
Fremdenverkehr in der Rhön zu fördern. Wie überall in der Rhön, so hat er mit seinen
Zweigvereinen auch im Gebiet

links und rechts der Hochrhönstraße

markierte Wanderwege angelegt, die den Wanderer zuverlässig zu den Naturschönheiten des
Gebietes führen. Der Rhönklub engagiert sich aber auch im Naturschutz. Deshalb legt er
Wert darauf, daß im Gebiet der Hochrhön die markierten Wanderwege nicht verlassen
werden. Denkmalschutz und Kulturarbeit sind weitere Aufgaben, deren sich der Rhönklub

verpflichtet fühlt, besonders aber das Wandern. 73 Zweigvereine geben gerne Auskunft und beraten Wanderer.

Am Nordosthang des Querenberges treffen die drei deutschen Länder Thüringen, Hessen und Bayern zusammen. Der dreikantige Grenzstein am D r e i l ä n d e r e c k , der die Wappen Preußens, Thüringens und Bayerns trägt, verbindet nicht nur drei deutsche Länder, an ihm scheiden sich auch zwei Welten. Die Zonengrenze teilt die Welt in zwei Teile. Nur in respektvoller Entfernung kann man heute an dem altehrwürdigen, verwitterten Stein vorbeiwandern.

Wir kehren vom Stirnberg über das Hohe Polster wieder zur Hochrhönstraße zurück und folgen ihr. Nach etwa zwei Kilometer führt

rechts der Hochrhönstraße

eine Straße am Hillenberg vorbei nach Hausen. An seiner Abzweigung liegt der H u c k e l. Hier stand früher das Rhöndorf D i e t z e n w i n d e n , das längst verschwunden ist. Ob es in Kriegsläuften zerstört oder wegen seiner Höhenlage und Unergiebigkeit aufgelassen wurde, ist unbekannt.

Dem Autowanderer, der die Hochrhön besuchen will, wird empfohlen, seinen Wagen auf den ausgewiesenen Parkplätzen am Rande der Hochrhönstraße zu parken und auf Schusters Rappen weiterzuwandern in die sehenswerte und erholsame Landschaft

links und rechts der Hochrhönstraße.

Der Z w e c k v e r b a n d N a t u r p a r k „ B a y e r i s c h e R h ö n ", der 1967 gegründet wurde, hat sich zum Ziel gesetzt, in enger Zusammenarbeit mit dem Naturpark „Hessische Rhön" den Gesamtcharakter der Rhön zu erhalten und zu pflegen, die heimische Tier- und Pflanzenwelt zu schützen und durch entsprechende Einrichtungen den Erholungswert der Landschaft zu verbessern. Die Natur zu schützen und zu erhalten, den Menschen zu dienen und die Natur dem Fremdenverkehr zu öffnen, sind die Ziele des Naturparks „Bayerische Rhön".

Links und rechts der Hochrhönstraße

hat der Naturpark „Bayerische Rhön", um seinen Zielen zu dienen, Parkplätze mit Rundwanderwegen angelegt. Der Kraftfahrer kann hier seinen Wagen abstellen und auf markierten Wegen, die ihn zum Ausgangspunkt zurückführen, die Sehenswürdigkeiten der Hochrhön erwandern. Liege- und Spielwiesen, oft mit Brunnen, manchmal auch mit Bratereien, laden zum Rasten ein. Naturlehrpfade sollen den Gast belehren und aufmerksam machen auf Wissenswertes und Sehenswertes.

In einer Mulde des Querenberges, nördlich des Großen Moores in der Gemarkung Hausen, liegt

links der Hochrhönstraße

das Naturschutzgebiet S c h w a r z e s M o o r (770 m). Mit einer Fläche von 60 ha ist es das größte Moor in der Rhön. Wie ein Rostfleck erhebt es sich uhrglasförmig aus den Matten der Hohen Rhön. In der Mitte erreicht der Torf seine größte Mächtigkeit mit etwa 6½ Metern; nach außen hin fällt das Moor nach allen Seiten zunächst allmählich, dann stärker ab.

Eine Wanderung auf dem Bohlenweg durch das Moor ist zu allen Jahreszeiten und bei

33

jeder Witterung ein Erlebnis: Ob im Frühling zartes Grün zwischen den braunen Heidekrautstengeln sproßt oder im Sommer die Sonne sich in den Mooraugen spiegelt oder ein Unwetter über das Moor fegt und der Sturm die verkrüppelten Birken und Kiefern beugt, ob im Herbst der Nebel braut, alles gespenstisch verschleiert und dem Wanderer manch Trugbild vorgaukelt, ob im Winter eine Schneedecke das Moor verhüllt und eine Eisschicht die Mooraugen deckt, immer wird eine Moorwanderung unvergeßlich bleiben: die trübe Stimmung der Landschaft, die verkrüppelten Hölzer, der federnde Boden, die Seltenheit der Pflanzenwelt, das Vorherrschen von Schwarz und Rostrot, die leuchtend klaren oder auch träumerisch dunklen Mooraugen.

Im Moor gibt es eine Unmenge typischer Moorpflanzen, die in Deutschland nur noch recht selten zu finden sind und bald ganz auszusterben drohen. Nur die seltensten und sehenswertesten sollen hier erwähnt werden:

Zu den sonderbarsten Pflanzen gehört der r u n d b l ä t t e r i g e S o n n e n t a u (Drosera rotundifolia), eine fleischfressende Pflanze. Er wächst zwischen den Torfmoosen, streckt seine runden kleinen Blättchen, die mit beweglichen rotbraunen Drüsenhaaren versehen sind, aus und lauert auf Insekten. An der Spitze der Drüsenköpfchen scheidet die Pflanze ein Tröpfchen klebrigen Schleims aus. Es glitzert im Sonnenschein wie ein Tautröpfchen und hat der Pflanze ihren Namen gegeben. Setzt sich ein kleines Insekt, eine Mücke, Fliege, ein kleiner Käfer oder auch eine Libelle auf dieses Tröpfchen, so wird es festgehalten. Die Drüsenhaare schließen sich wie Fangarme und umspannen die Beute. Das Blatt des Sonnentaues scheidet eiweißlösenden Verdauungssaft aus, der mit dem Magensaft des Tieres verwandt ist. Gleichzeitig wird Ameisensäure ausgeschieden, deren Wirkung die Bildung von Bakterien verhindert. In dem geschlossenen Blatt findet nun ein Verdauungsvorgang statt wie im Tiermagen. Wenn die gelösten Eiweißstoffe von den Drüsenköpfen ausgesogen sind, öffnet die Pflanze wieder ihr Blatt. Der Wind kann die unverdaulichen Teile des Tierkörpers abwerfen, und die Pflanze kann von neuem auf Opfer lauern.

Der große englische Naturforscher Charles Darwin hat die Lebensweise des Sonnentaus eingehend untersucht. Er stellte fest, daß die gefräßige Pflanze auch gekochtes Rindfleisch, hartgekochte, zerkleinerte Eier und feinen Käse als Nahrung annahm. Fremdkörper, wie Sandkörnchen oder winzige Holzsplitter, wurden bald wieder von den Blättern abgestoßen. Die Pflanze unterscheidet mit ihren Drüsenköpfen genau, was eßbar ist und was nicht. Wie weitere Versuche bewiesen, kommt die Pflanze auch ohne tierische Nahrung aus. Es stellte sich aber heraus, daß Pflanzen, die mit tierischem Eiweiß gefüttert wurden, sich viel kräftiger entwickelten als die anderen, die fasten mußten.

Der Sonnentau ist vom Gesetz streng geschützt, da er, wie alle Moorpflanzen in Deutschland, auszusterben droht. Er blüht im August. Die weiße Blüte auf rotbraunem Stiel ist unscheinbar klein und wird meistens von kleinen Fliegen oder Käfern bestäubt. In alten Schriften wird berichtet, daß auch der langblätterige Sonnentau (Drosera longifolia) im Schwarzen Moor vorgekommen sei. Er scheint ausgestorben zu sein.

Was veranlaßt die Sonnentaugewächse zu tierischer Nahrung? Die Humussäure des Moorwassers verhindert die Ansiedlung von Nitritbakterien, deren Aufgabe es ist, die organischen Nährstoffe des Bodens in eine für die Pflanze verdauliche Form aufzuspalten. Der Mangel an diesen Bodenbakterien läßt alle Moorpflanzen nur kümmerlich wachsen. Der Sonnentau hat, um seinen Stickstoffhunger zu stillen, Werkzeuge ausgebildet, die es ihm ermöglichen, durch tierische Kost seinen Speisezettel zu erweitern. Und er ist tatsächlich auch die einzige Moorpflanze, die ein gesundes Aussehen hat und der trostlosen Landschaft etwas Farbe gibt.

Im Schwarzen Moor

In der nordischen Sage werden die glitzernden Tröpfchen des Sonnentaues als Tränen der Freja (Frigga) geschildert, die sie aus Sehnsucht nach ihrem fern von ihr weilenden Gemahl Wodan (Odin) weint.

Im Mittelalter spielte das Pflänzchen eine Rolle bei Geisterbeschwörungen.

Die Alchimisten hielten es für das von ihnen so sehr gesuchte „Miraculum Dei", für die „prima materia", aus der sie das Lebenselixier herstellen wollten. Der „Tau" der Pflanze schien ihnen mit solcher Kraft versehen, daß ihrer Meinung nach ein winziges Tröpfchen genüge, vergifteten Wein zu erkennen. Das Glas zerspringt oder der vergiftete Wein beginnt zu sieden und zu brodeln, wenn ein Tröpfchen von dem Tau dazukommt, so glaubten sie.

Der Sonnentau wurde zu allen Zeiten in der Volksmedizin auch als Heilkraut verwendet. Gegen Krankheiten des Herzens und der Leber half das Kraut. Aber auch gegen Wahnsinn, bitterste Feindschaft und selbst gegen bösen Zauber verwendete man das Pflänzchen. Der Jäger trug es bei sich, um keinen Fehlschuß zu tun.

Ein anderer Fleischfresser des Schwarzen Moores ist das F e t t k r a u t (Pinguicula vulgaris). Die fleischigen Blätter des Krautes, die in Form und Farbe denen des Veilchens ähneln, sind an den Rändern etwas aufgeworfen und an der Oberfläche mit winzigen, kaum sichtbaren Drüsen versehen, die einen klebrigen Saft ausscheiden. Kleine Insekten, die auf das Blatt geraten, werden festgehalten, vom Blattrand überdeckt, getötet und verdaut.

Die S u m p f h e i d e l b e e r e (Vaccinium uliginosum) ist eine nahe Verwandte der Heidelbeere. Ihre Blätter sind etwas größer und schimmern ins Bläuliche. Aus den schwarzen und roten Früchten wurde früher in der Rhön ein wohlschmeckender Essig bereitet. Die Beeren sind fleischiger und angenehmer im Geschmack als die Heidelbeere.

Die K r ä h e n - oder T r u n k e l b e e r e (Empetrum nigrum) wird in der Rhön auch noch M o o r - oder T o l l b e e r e genannt. Feine, glatte, hellgrün glänzende, nicht ganz spitze, schmale Blättchen, die wie beim Nadelholz rings um einen braunen Stiel herumstehen, tragen die glänzende schwarze Frucht, die etwa so groß wird wie die Heidelbeere. Die Trunkelbeere ist zwar genießbar, hat aber einen herben, bitteren Geschmack.

Die M o o s b e e r e (Vaccinium Oxycoccus), ebenfalls eine Verwandte der Heidelbeere, zieht ein Netz von fadendünnen Zweigen über die Moospolster. Die oft armlangen Fäden mit kleinen, dunkelgrünen Blättchen tragen rote Blütenkrönchen. Im Herbst trägt die Pflanze säuerlich-angenehm schmeckende Früchte, die wie kleine Äpfelchen geformt sind. Sie tragen rote Bäckchen und liegen wie gefärbte Eier im Nest. Die Pflanze kommt in Schweden häufig vor. Die Beeren werden dort mit Zucker eingemacht und sowohl als Mus wie auch als Arznei verwendet.

Am Rande des Moores und auf feuchten Stellen außerhalb des Moores wächst noch das s c h e i d i g e W o l l g r a s (Eriphorum vaginatum). Es gehört zu den Halbgräsern. Mit seinen weißen, seidenartigen Wollköpfen, die den Fruchtstand der Pflanze krönen, sind weite Flächen auf der Hochrhön geschmückt. Die Wollfäden dienen den Früchten als Flughärchen und verschaffen der Pflanze eine weite Verbreitung.

Vereinzelt sind R o s m a r i n h e i d e (Andromeda polifolia), G l o c k e n h e i d e (Erica Tetralix) und die g r a u e H e i d e (Erica cinerea) anzutreffen.

Auch die Tierwelt des Schwarzen Moores ist recht beachtenswert. Im Frühling balzt im Moor der B i r k h a h n , und selbst der stolze A u e r h a h n ist zuweilen noch anzutreffen. Da und dort flattert eine B e k a s s i n e , auch S u m p f s c h n e p f e genannt, auf; K i e b i t z , S c h n e p f e , W i l d e n t e und T a u c h e r suchen im Moor Unterschlupf und Schutz. Auch Raubvögel finden im Moor ihre Beute: B u s s a r d und H a b i c h t kreisen über dem düsteren Gelände und spähen nach Nahrung aus.

Die Entstehung des Schwarzen Moores

liegt einige tausend Jahre zurück. An der Stelle des Moores war durch Einbruch oder Erdrutsch eine trichterförmige Vertiefung entstanden, in der sich das Wasser der Niederschläge in Form von Tau, Nebel, Regen und Schnee sammelte. Da der Untergrund aus wasserundurchlässigem basaltischem Lehm (zersetztem Basalt), Basalttuff und tertiärem Ton besteht, bildete sich ein kleiner See. Kleinstlebewesen (Plankton) schwebten in dem gelbbraunen Gewässer. Sie starben ab, und ihre verwesten Leiber bedeckten den Grund mit Faulschlamm. Wassergräser und andere Pflanzen siedelten sich an. Besonders das T o r f m o o s (Sphagnum), von dem es mehr als 330 verschiedene, schwer unterscheidbare Arten gibt, machte sich breit.

Das Torfmoos hat wie alle Moose keine Wurzeln. Es nimmt das Wasser durch die Blätter auf. Es treibt ständig neue Seitenäste und wächst vor allem an der Spitze, während die untersten Teile absterben und vertorfen. Mit den Jahren bildet die Pflanze Polster, überwuchert andere Pflanzen und erstickt sie. Die Polster verhindern Sauerstoffzufuhr an den Boden. Die Erde wird immer nährstoffärmer. Die ehemaligen Pflanzenbewohner sterben ab, weil ihnen die Lebensmöglichkeiten entzogen werden. Die Torfschicht aber wächst von Jahr zu Jahr. Eine immer dicker werdende Torfdecke entsteht. Nur noch an einigen Stellen ist das schwarze, trübe, säuerlich riechende Moorwasser zu sehen: die Mooraugen, die den großen Reiz der Moorlandschaft ausmachen.

Zwischen den Torfmoospolstern machen sich nun neue Bewohner breit, jene typischen Hochmoorpflanzen, die mit dem nährstoffarmen Regenwasser zufrieden sind – denn zum Boden besteht keine Verbindung mehr! –, die wenig Stickstoff brauchen oder als Fleischfresser ihre Nahrung aus Tierleichen holen.

Professor Dr. Fritz Overbeck, der Direktor des Botanischen Instituts der Universität Kiel, hat das Rote und das Schwarze Moor gründlich erforscht. Er nimmt einen stets gleichmäßigen Torfzuwachs von einem Zentimeter für 12½ Jahre an. Aus der Dicke der Torfschichten wäre also das Alter der Rhönmoore zu errechnen. Overbecks Untersuchungen erstrecken sich auf eine Zeitspanne von 4000 Jahren.

Im Moor haben sich u. a. Blütenpollen erhalten. Auf Grund der Pollenforschung stellte Overbeck fest, daß kulturanzeigende Getreidepollen bis zum Jahre 600 v. Chr. in der Rhön nachzuweisen sind. Seit dem Jahre 500 n. Chr. beginnt eine geschlossene, ununterbrochene Getreidekurve, womit der Nachweis erbracht ist, daß die Rhön seit jener Zeit ununterbrochen besiedelt ist und daß die Bewohner seit jener Zeit Getreide anbauten.

Für die Bewohner der umliegenden Dörfer ist das Schwarze Moor ein Wetterprophet. Wenn auf dem Moor morgens ein leichter Dunst liegt, gibt es keinen schönen Tag, dichter Dunst prophezeit schlechte, regnerische Witterung, raucht das Moor am Morgen, so ist mit Gewitter und Sturm zu rechnen. Wenn aber früh schon ein Sturm über das Moor fegt, daß die Mooraugen hohe Wellen werfen, dann ist mit dem schlimmsten Unwetter zu rechnen. Sogar Erdbeben kann das Tosen des Moorwassers anzeigen, wenn sie auch in weiter Ferne stattfinden.

Das Moor hat für die Bewohner der umliegenden Ortschaften immer etwas Unheimliches. Die Düsternis der Landschaft und die Trostlosigkeit der Gegend beschweren die Menschen. Krüppelformen von Kiefern und Birken und die Pflanzenwelt des Moores verstärken diesen Eindruck.

Die Germanen trieben Mörder und andere schwere Verbrecher, die aus der Sippengemeinschaft ausgestoßen wurden, ins Moor. Moorleichen sind noch nach Jahrhunderten wegen der konservierenden Wirkung des Moores gut erhalten.

Dämmerung und Nebel befruchten die Phantasie des Menschen. Im reichen Schatz unserer Sagen und Märchen lebt noch das Grauen, das Unheimliche dieser Landschaft. Seit den ältesten Zeiten wird im Munde der Leute die Überlieferung vererbt, an der Stelle des Schwarzen Moores sei früher ein großes Dorf oder gar eine Stadt gewesen. Etwas Wahres scheint – wie immer – an dieser Sage zu sein.

Im Jahre 824 hielten – wie eine Fuldaer Urkunde bezeugt – Abt Rabanus Maurus von Fulda und Graf Popo (von Henneberg) mit den zwölf Ältesten seiner Grafschaft an der Grenze ihrer Besitztümer „in loco, qui dicitur swarzes Muor" eine Zusammenkunft ab. Es ging dabei darum, daß ein gewisser Helmark dem Abt Rabanus Besitzungen in Wernsbrunn geschenkt hatte, auf die noch Herimot und Berahat Ansprüche erhoben. Jäger (Briefe über die Hohe Rhön) schließt daraus, daß auf dem Schwarzen Moor Gebäude gestanden haben müssen, um so eine ansehnliche Gesellschaft unterzubringen.

Daneben bezeugt eine Fuldaer Urkunde, daß Abt Rabanus auf dem Schwarzen Moor eine Besitzung (Capturam) erhielt, an der mehr als 14 Personen Anteil hatten. Er besetzte sie mit seinen Eigenleuten Rodger, Eigolt und Dejazach. So eine Besitzung (Capura) bestand aus einem Hof, Gebäuden, Artfeldern, Wiesen, Waldungen und Huten.

Weegmann, der Fladunger Chronist, glaubt, die Vermutungen Jägers entkräften zu können. Auch das von Jäger im Jahre 1802 im Schwarzen Moor vorgefundene Steinpflaster erklärt Weegmann damit, daß die fürstliche Hofkammer zu Würzburg um 1770 einen Torfstich auf dem Schwarzen Moor betreiben ließ.

Schließlich lassen sich heute noch im Moor alte Ackerfurchen erkennen, die beweisen, daß das Schwarze Moor einst bewirtschaftet wurde.

Im übrigen zeugt keine Urkunde von einem Dorf auf dem Schwarzen Moor, kein Fund beweist sein Vorhandensein.

Nur die Sage raunt von dem untergegangenen Moordorf:

Das versunkene Dorf

Vor langer Zeit versank am Schwarzen Moor eine Ortschaft, ob es eine Stadt oder ein Dorf war, weiß niemand zu sagen. Die Bewohner wollten von ihrem sündhaften Leben nicht lassen. An die Stelle des Ortes trat ein unergründlich tiefer, schwarzer See, der nach und nach von einer schwarzen Moordecke überzogen wurde. Davon hat auch das Schwarze Moor seinen Namen.

In der Tiefe ist aber das Leben des Dorfes noch nicht erstorben. Die Versunkenen gehen jetzt oft in ihre Kirche und bitten Gott reuevoll um ihre Erlösung. An solchen Tagen kann man aus der Tiefe ein Rauschen, Brausen und Orgelklang vernehmen. Dann brodelt und kocht es im Schwarzen Moor, und schlammiges Wasser gärt aus den Mooraugen. Manche, die sich am Rande des Moores hinlegten, konnten das Läuten der Glocken, das Schlagen der Turmuhr und das Krähen der Hähne aus der Tiefe des untergegangenen Dorfes hören.

Das Seevögelchen

In lauen Sommernächten singt manchmal im Schwarzen Moor ein Vöglein ein wundersames Lied und verschwindet jedesmal wieder, wenn in der Morgendämmerung die Aveglocke aus der Tiefe des Sumpfes klingt.

Die Betstunde in Rüdenschwinden

Das Rauschen und Toben des Schwarzen Moores in stürmischen Nächten hat zu allen Zeiten den Bewohnern der Umgebung Angst und Schrecken eingejagt. Einmal, so geht die Sage, wird das Moor ausbrechen und die ganze Gegend überschwemmen.

In der Gemeinde Rüdenschwinden wurde seit alter Zeit bis etwa zum Jahre 1780 jeden Freitag eine Betstunde abgehalten, um die Überschwemmung des Dorfes und die Vernichtung seiner Flur abzuwenden.

Wie das Schwarze Moor, so sind auch das Große und das Kleine Moor, der Gangolfsberg, das Gebiet um die Ulsterquelle am Nordabhang des Schwabenhimmels im Hessischen und seit dem 26. April 1982 auch die „Lange Rhön" Naturschutzgebiet.

> Das bayerische Naturschutzgesetz schützt die Landschaftsräume oder Teile von diesen, „in denen ein besonderer Schutz der Natur in ihrer Ganzheit oder in einzelnen ihrer Teile aus ökologischen, wissenschaftlichen, geschichtlichen, volks- oder heimatkundlichen Gründen, wegen der hervorragenden Schönheit oder Eigenart des Landschaftsbildes, wegen des Reichtums oder wegen der Seltenheit der Tier- und Pflanzenwelt im öffentlichen Interesse liegt. Naturschutzgebiete sind allgemein zugänglich, soweit es der Schutzzweck erlaubt." „Naturschutzgebiete werden durch Rechtsverordnung festgelegt." Und es „ist im Naturschutzgebiet jede Veränderung verboten".

Der Naturpark Rhön hat durch das Schwarze Moor einen Bohlenweg gebaut, der nicht verlassen werden darf.

Das Schwarze Moor gibt seinen Wasserüberschuß an zwei Bächlein ab, im Westen an den Querenbach und im Osten an den Aschelbach.

Der Aschelbach fließt unter der Hochrhönstraße durch und eilt

rechts der Hochrhönstraße

durch die Matten der Hohen Rhön und bildet bald einen für die Rhön beachtlichen Wasserfall. Etwa acht Meter rauschen die Wasser herunter, wenn im Frühling der Schnee auf der Hochrhön schmilzt und sich seinen Weg ins Tal sucht. Im Sommer und Herbst rieselt nur sehr wenig Wasser an den Felsen herunter. Im Winter glitzern Eiszapfen an der Steilwand des Falles.

Beim Eintritt in den Wald wird aus dem Aschelbach der E i s g r a b e n , der als Naturdenkmal unter dem Schutz des Gesetzes steht. Seine heutige Form verdankt er einem Wolkenbruch, der am 26. Juli 1834 auf der Hohen Rhön fiel. Tief unten, in einer teilweise zehn Meter tiefen Basaltschlucht, sucht sich das Wasser seinen Weg über Basaltsteine. Bei der Schneeschmelze wird der Eisgraben zum reißenden Bergbach.

Im Sommer ist der Eisgraben ein friedliches Wässerchen, das durch herrlichen Buchenwald plätschert. Eine Wanderung durch das Bett des Eisgrabens ist bei warmen Wetter ein Erlebnis, besonders für Kinder. Am Eisgraben entlang führt aber auch ein markierter Wanderweg.

Der Wolkenbruch des Jahres 1834, der das Bett des Eisgrabens wühlte, legte auch das Braunkohlenvorkommen im Eisgraben frei. Plötzlich traten Kohlen zutage. Zweimal wurde versucht, die Kohle abzubauen. Aber wie am Bauersberg, so stellte sich auch hier bald heraus, daß die Kohle zu jung ist, um einen lohnenden Abbau zu ermöglichen. Bald nach dem Zweiten Weltkrieg wurde die Förderung wieder eingestellt. Am Schachteingang kann der aufmerksame Wanderer noch Proben von Rhönkohle finden. Die Eisgrabenkohle ist reich an Pflanzenabdrücken. Ein kleines Gebäude, das noch vom Bergwerk steht, dient jetzt Zwecken der Jagd und des Forstes.

Zwei besonders schöne Plätzchen am Eisgraben, „Knaufsruhe" und „Karlsbad", sind den verdienten Rhönfreunden Major Knauf und dem Lehrer Karl Hippeli aus Hausen gewidmet.

Vom Wanderweg führt über eine Brücke des Eisgrabens ein Waldweg zur F r a u e n h ö h l e , einer der seltenen Naturhöhlen im Basalt. Auch sie steht als Naturdenkmal unter dem Schutz des Gesetzes. Ihr Name wird teils damit erklärt, daß sich in dieser Höhle in Kriegszeiten Frauen vor der Grausamkeit der Söldner versteckt hätten. Andere erzählten, die Frauenhöhle sei das Ende des unterirdischen Ganges, der von der Hildenburg her führt:

Vom Burgfräulein und seinen Jungfern

Als das alte Hildenburger Schloß verwüstet und in Brand gesteckt wurde, kam der Herr von Hildenburg mit all seinen Dienern und Knechten grausam ums Leben. Das Fräulein aber und seine Jungfern flüchteten mit großen Schätzen in einen ausgemauerten unterirdischen Gang. Das Ende des Ganges ist die Frauenhöhle im Eisgraben, die auch Klefalls oder Klefallsloch genannt wird. Das Fräulein vom Hillenberg erreichte aber mit seinen Damen diesen Ausgang nicht. Sie kamen alle in dem unterirdischen Gang ums Leben.

Bis auf den heutigen Tag bewachen sie ihre Schätze. Alle sieben Jahre dürfen sie aus ihrem unterirdischen Reich emporsteigen und sich den Menschen zeigen. Sie setzen sich auf einen Holzstoß oder auf einen Haufen Reisig und singen so schöne Weisen, daß es den Menschen, die es hören, ganz zittrig ums Herz wird.

Manch einer hat es auch schon versucht, durch das Klefallsloch in den unterirdischen Gang und an die großen Schätze heranzukommen. Aber keiner hat es bis jetzt geschafft. Schon nach ein paar Schritten kommt man an eine eiserne Tür oder Platte. Es soll auch sehr gefährlich sein, dort unten nach dem Schatz zu suchen.

Die Sage, die schon oft von „aufgeklärten" Zeitgenossen belächelt und mit einem mitleidigen Achselzucken abgetan wurde, fand ihre Bestätigung, als Hermann Happel aus Mühlbach 1965 neben der bisher bekannten, acht Meter tiefen, in einem sechs Kubikmeter großen Raum endenden Höhle einen neuen Eingang entdeckte.

Die Höhle, auch „Klefallsloch" genannt, wurde 1972 von Höhlenforschern aus Düsseldorf untersucht und vermessen. Sie stellten ein Höhlensystem von 50 m Länge und 20 m Tiefe fest. Die Höhle besteht aus schmalen Spalten, verstürzten Gängen und zwei kleinen Räumen. Im unteren Teil befindet sich ein Cañon von ca. 5 m Länge und 1,5 m Tiefe. Spuren von Menschenhand wurden nicht entdeckt.

Der Eingang zur Frauenhöhle ist vermauert. Es wird dringend geraten, in der Umgebung Vorsicht walten zu lassen, da tiefe Felsspalten Gefahr bringen und an einigen Stellen Einsturzgefahr besteht.

Am Ende des Waldes grüßt uns der Weiler H i l l e n b e r g. Hier bewirtschaften in einer Höhe von 677 Meter ü. N. N. drei Bauern unter schwierigsten Bedingungen, aber mit Erfolg ca. 60 ha.

1950 baute Hillenberg ein Kirchlein. Die Mauern wurden aus Säulenbasalt ausgeführt. Das sehenswerte Altargemälde stammt von dem in Melperts gebürtigen Fuldaer Kirchenmaler Schiffhauer. Es stellt Maria, die Hilfe der Christen, die Patronin der Kirche, dar, wie sie die Bewohner von Hillenberg und Hausen mit ihrem Mantel gegen alles Böse schützt. Die Wände sind geziert mit Bildern der Bauernheiligen Notburga, Konrad von Parzham, Wendelinus und Maria Goretti.

Die Gehöfte Hillenbergs stehen auf historischem Boden. Hier stand einst die alte H i l d e n b u r g, von der heute nur noch einige Mauern zeugen. Die Burg soll schon im achten Jahrhundert erbaut worden sein. Ihren Namen soll sie einer edlen Frau namens Hiltiburg verdanken, die 824 Güter an Abt Rabanus Maurus von Fulda schenkte. Anfangs des 12. Jahrhunderts ist das Geschlecht der Hildenburger urkundlich belegt.

Albrecht von Hildenburg zog 1188 als Kreuzritter ins Heilige Land und beschloß um 1192 die Reihe seines Geschlechts. Er hinterließ nur eine Tochter, Adelheid, die Otto III. von Bodenlauben, den Sohn Otto II. von Bodenlauben, des Minnesängers, heiratete. Da ihr Gemahl Otto in den Deutschherrenorden eintrat, Adelheid selbst im Dominikanerinnenkloster zu Würzburg den Schleier nahm und beider Sohn Adelbert schon als Kind der Kirche übergeben und zum geistlichen Leben bestimmt wurde, kamen schließlich alle ihre Güter, auch die Hildenburg, an das Hochstift Würzburg. Die Burg wurde hochfürstliches Amt und blieb es bis ins 16. Jahrhundert, wo es nach Fladungen verlegt wurde. Wann die Burg zerstört wurde, ist unsicher, wahrscheinlich im Bauernkrieg. Die Sage jedenfalls erzählt, im Bauernkrieg 1525 seien aufrührerische Bauern aus Bastheim auf die Hildenburg gezogen und hätten sie zerstört. Sie glaubten, Martin Luther habe sich dort versteckt.

Auch sonst hat sich die Sage der Burg angenommen:

Gespensterzug

Auf der Hildenburg geht es um. Männer und Frauen in langen weißen Gewändern ziehen über die Berge und Triften der Hohen Rhön. Manche von ihnen tragen Mönchs- oder Nonnentrachten. Wenn sie von der Burg bis zum Moor hin geistern und dann wieder zur Hildenburg zurückkehren, leuchtet ihnen manchmal der Feuermann flackernd voran. Besonders zur Adventszeit verlassen die Gespenster oft die alten Gemäuer der Hildenburg. Sie bewachen dort reiche Schätze und warten auf einen mutigen Sterblichen, der sie erlöst.

Die weiße Jungfrau

Hinter den Ruinen des Schlosses keint die weiße Jungfrau ihre Knotten (sie entkernt Flachssamen). Sie hat sie auf einem weißen Tuch ausgebreitet. Wenn sie einen Menschen sieht, winkt sie ihm jedesmal zu. Es hat aber noch niemand getraut, zu ihr zu gehen. Wer weiß! Vielleicht würde sie ihn zum reichen Mann machen. Aber auch der Feuermann hält sich an bestimmten Tagen auf dem Hillenberg auf. Arg Schlimmes hat er noch nicht angerichtet, aber er schreckt nächtliche Wanderer und versucht, sie in die Irre zu führen. Besonders gern lockt er sie ins Moor.

Der Schatz im Keller

Ein alter Hildenburger Bauer hatte in dem großen, tiefen Keller unter dem alten Schloß ein Gebräu Bier liegen. An einem Abend mußte er noch spät in den Keller, um einen frischen Trunk zu holen. Er hatte seinen Krug gerade voll und wollte wieder die Treppe hinauf, da sah er in einer Ecke einen Haufen Kohlen blitzblau brennen. Der Bauer war einen Augenblick ganz sprachlos. Er war aber keiner von denen, die gleich Angst haben und sich ins Bockshorn jagen lassen. Deshalb ging er auf die Ecke zu, griff in den glühenden Haufen und steckte sich eine tüchtige Handvoll der heißen Kohlen in die Tasche als Wahrzeichen für sein Erlebnis. Als er aber seine Beute oben in der Stube genauer betrachtete, mußte er doch staunen. In seiner Hand hatte er lauter alte Silberstücke. Sie hatten alle die Größe eines preußischen Drittels. So schnell war das „Herrle" noch nicht in den Keller gekommen! Als er aber in die Ecke sah, war alles wie vorher, und der Schatz war verschwunden.
Der alte Bauer hat die Geschichte noch oft erzählt, und die Silberstücke hat er jedem gezeigt, der sie sehen wollte.

In unmittelbarer Nähe des Weilers Hillenberg unterhält der Naturpark „Bayerische Rhön" einen J u g e n d z e l t p l a t z , der wegen seiner wildromantischen Umgebung gerne besucht wird. Er ist bestans eingerichtet für eine Belegungszahl von 300 bis 400 Jugendlichen.

Von Hausen führt uns eine Straße zur Hochrhönstraße zurück. Was uns auf unserem Weg dorthin besonders interessiert, ist

rechts der Hochrhönstraße

der R h ö n h o f. 1938 wurde der „Siebertshof" als Musterhof gegründet. Der damalige Gauleiter von Mainfranken, Dr. Otto Hellmuth, war der Meinung, nachdem im Mittelalter schon in dieser Höhe Ackerbau betrieben wurde, was die heute noch zu beobachtenden „Hochäcker" beweisen, so müsse man auch in unserer Zeit noch mit Erfolg das Land bebauen können. Er wußte allerdings nicht, was Professor Overbeck inzwischen festgestellt hat, daß früher, etwa bis 1430, das Klima der Rhön viel günstiger war, eine Tatsache, die man schon lange vermutet hatte, wußte man doch, daß in früherer Zeit, teilweise bis 1820, in der Rhön Weinbau betrieben wurde (Weisbach, Nordheim, Mellrichstadt). Seit 1850 weist Overbeck für die Rhön wieder einen Wärmeanstieg nach.

In der Nähe des Rhöndorfes stand früher der adelige Hof Hauenstein. Um 1580 besaßen ihn die Herren von Rapp, 1611 wurde er um 3682 fl. an die Bastheimer verkauft. Diese verpfändeten ihn im 30jährigen Krieg an das Juliusspital in Würzburg, das ihn 1672 versteigern ließ. Die Gemeinde Hausen überbot die Gemeinde Rüdenschwinden und erwarb den Hof mit den Rhönwiesen. Das Haus wurde als Steinbruch benutzt, die Wiesen unter den Bauern von Hausen aufgeteilt.

1935 wurde die Gemeinde gezwungen, den Besitz an den Staat zu verkaufen. Nach dem Zweiten Weltkrieg wurde der Siebertshof, nach einem bayerischen Naziführer benannt, als „Rhönhof" von der Bayerischen Landesanstalt für Landkultur und Moorwirtschaft unter Aufsicht der Rhönkulturstelle Mellrichstadt weitergeführt. Er betrachtete als seine Aufgabe die Erkundung der landwirtschaftlichen Verhältnisse auf der Hohen Rhön und war Stützpunkt für die Kultivierungsgeräte. Der Hof liegt 785 Meter ü. N. N. Die Niederschläge werden bei einem 20jährigen Durchschnitt mit 1016 Millimeter, die mittlere Jahrestemperatur mit 5,6 °C angegeben. Auf dem vorwiegend lehmigen Sandboden mit etwa 15 Prozent Humus wird in erster Linie Viehzucht betrieben. Der Hof bewirtschaftet 7,73 ha Ackerland, 8,01 ha Wiesen, 9,23 ha Weiden, 0,07 ha Garten, 6,16 ha Wald und Aufforstungsflächen, 3,96 ha Hof, Wege, Steinmauern und 0,58 ha Ödland bei einer Gesamtfläche von 35,74 ha. 32 Prozent der Nutzfläche wurden als Ackerland, 68 Prozent als Grünland verwendet. Der Hof ging 1967 in private Hand über. Frau Sopp betreibt ihn als reinen Viehhaltungsbetrieb. Das dazugehörige Ackerland wurde angesät, da sich Ackerbau in dieser Höhenlage nicht mehr rentiert.

In der Nähe des Rhönhofes hat das Überlandwerk Rhön in Mellrichstadt einen S e n d e - t u r m für seinen innerbetrieblichen Verkehr zur Überwachung seines Stromverteilungsnetzes erbaut. Er ist 16 Meter hoch. Vom Landschaftsschutzgedanken her gesehen ist er ein Musterbeispiel, wie man solche Anlagen errichten kann, ohne daß sie die Landschaft stören. Der Turm ist in einem Wald versteckt und fällt kaum auf.

Links der Hochrhönstraße

steht ein Torbogen mit einem kleinen Seitentor und einem Schilderhäuschen, aus Basaltblöcken erbaut, mitten in der Landschaft und setzt den Fremden in Erstaunen. Er ist der Eingang zum ehemaligen RAD-Lager, dessen Baracken verschwunden sind. Nur die Grundmauern sind noch, von Gras und Kräutig überwuchert, festzustellen. Am Waldrand steht eine einsame Hütte, die dem Grenzschutz dient.

Das RAD-Lager war im Zuge des sogenannten „Dr.-Hellmuth-Planes" erbaut worden, der vorsah, die Hochrhön der Landwirtschaft nutzbar zu machen. Matten wurden entsteint und unter den Pflug genommen, Schutzstreifen wurden aufgeforstet, Wege gebaut und der „Siebertshof" errichtet, um dem humosen Boden in diesem rauhen Klima Früchte abzutrotzen. Aber die Landschaft wehrte sich gegen den Eingriff von Menschenhand. Außer dem Rhönhof und 800 ha Jungwald erinnert nicht mehr viel an den Plan des damaligen Würzburger Gauleiters, abgesehen vom Eingangstor des „Hellmuthlagers".

Auch heute noch bemüht sich der Staat um die Erhaltung der Hochrhön in ihrem jetzigen Zustand. Das Amt für Landwirtschaft und Tierzucht Bad Neustadt ist mit der Landschaftspflege im Gebiet

links und rechts der Hochrhönstraße

beauftragt. Es ist bestrebt, soweit wie möglich die landwirtschaftliche Nutzung des Gebietes sicherzustellen. Das wichtigste Ziel aber ist die Erhaltung der Landschaft als Kulturlandschaft für Erholungszwecke. Es ist ein Irrtum zu glauben, eine Landschaft in ihrem „natürlichen unberührten Zustand" sei wünschenswert. Das Gegenteil ist der Fall. Eine ungepflegte Landschaft wird unansehnlich und schmutzig und verliert bald ihren Freizeitwert.

Aufforstungen auf der Hochrhön werden im allgemeinen nicht mehr genehmigt, da gerade die kahlen Matten, der weite Blick die Eigenart, die Einmaligkeit und den Reiz des Gebietes ausmachen.

Im Gebiet

links und rechts der Hochrhönstraße,

wurde die F l u r b e r e i n i g u n g durchgeführt. Die Zusammenlegung kleiner und kleinster Parzellen zu größeren Grundstücken soll gleichermaßen der Landwirtschaft und dem Fremdenverkehr dienen.

Hinter dem „Basalttor" ist der Eingang zum Bohlenweg durch das Schwarze Moor. Nicht weit vom Torbogen des ehemaligen RAD-Lagers führt

links der Hochrhönstraße

der alte Weg nach Birx und Frankenheim. Im Sommer, besonders an Sonntagen, parken dort ungezählte Autos und viele Omnibusse auf dem vom Naturpark „Bayerische Rhön" angelegten A u t o p a r k - u n d R a s t p l a t z „S c h w a r z e s M o o r ".
Von hier führt auch die neue Straße am Dreiländereck vorbei nach Seiferts im Ulstergrund, die die bayerische und hessische Rhön verkehrsmäßig verbindet.

Der Weg zur Grenze führt vorbei an einem Basaltfelsen, der auf einer Bronzetafel die Inschrift trägt:
„Das ganze deutsche Volk hinter dem eisernen Vorhang ruft uns,
seiner nicht zu vergessen!
Wir werden nicht ruhen,
wir werden nicht rasten,
bis Deutschland wiedervereint ist in Frieden und Freiheit.

Konrad Adenauer

Errichtet am 13. 8. 1981,
dem 20. Jahrestag der Berliner Mauer,
von der Christlich-Sozialen Union".

In Prozessionen ziehen die Besucher an die L a n d e s g r e n z e z u r D D R : eine deutsche Wallfahrt zur deutschen Passion.
Eine Tafel zeigt bildlich die Grenzbefestigungen der DDR: Signalzaun, Scheinwerfer, Beobachtungstürme, Hundelaufanlagen, Bunker, Kontrollstreifen, Metallgitterzaun und die Warnung:

Achtung, Grenze!
Der Grenzverlauf ist durch Grenzsteine markiert.
Weiß-blaue Pfähle machen den Grenzverlauf kenntlich.
Bei Überschreiten dieser Linie
Lebensgefahr.

Der Schlagbaum sperrt den Weg. Stacheldraht trennt Deutsche von Deutschen. Durch den Zaun und über den Zehnmeterstreifen hinweg sieht man hinüber nach Birx. Früher war das ein Spaziergang. Wir hatten Verwandte drüben und Bekannte und Freunde – Rhönfreunde. Wie gerne würden wir auch heute unsere Wanderung fortsetzen wie früher, hinüber in die thüringische Rhön, zu den Landsleuten dort drüben. Aber der Zaun hemmt unsere Schritte. Nur die Herzen lassen sich nicht aufhalten, und unser Blick schweift hinüber zu den Kuppen und Tälern: deutsches Land, Rhön, hier wie dort!
Beamte der Grenzpolizei stehen den Fremden an der Zonengrenze mit Rat und Tat zur Seite.
Besuchergruppen wenden sich an die Informationsstelle für Besucher der Landesgrenze Bayern–DDR, 8741 Fladungen, Rathaus.

V o r s i c h t a n d e r Z o n e n g r e n z e !

Der Weg über die Hochrhön nach Frankenheim war früher viel begangen. Bei meterhohem Schnee im Winter war eine Reise über die Hohe Rhön lebensgefährlich. Besonders der Nebel macht den Wanderern zu schaffen. Fürstbischof Franz Ludwig von Erthal zu Würzburg (1779–1795) ließ alle 30 Schritte hohe Pfähle (Nebenpfähle) setzen und unterhalten, die dem Wanderer den Weg zeigen sollten. Trotzdem verirrten sich noch viele, denn bei dichtem Nebel, der in dieser Höhe sehr häufig vorkommt, reicht der Blick nicht von einem Pfahl zum anderen. So kam es in früherern Jahrhunderten oft vor, daß Reisende erfroren. Die Landschaft war in meterhohem Schnee versteckt. Dörfer waren oft tagelang von der Außenwelt abgeschnitten. Die Witterungsverhältnisse der Hochrhön und die damit verbundenen Todesfälle gaben den Bewohnern der umliegenden Orte Grund zu manch schauriger Geistergeschichte oder Spuksage.

Der rauhe Winter der Hohen Rhön brachte irrtümlich der ganzen Rhön den Ruf, sie sei das deutsche Sibirien; in der Rhön sei es dreiviertel Jahr Winter und ein viertel Jahr kalt; oder die Rhöner setzten ihre Zipfelmütze am Tag vor Johanni ab und am Tag danach wieder auf, und den Spruch in ehrwürdigem Latein: „Nix, nox, nux, nebulae sunt optima munera Rhoenae." (Schnee, Nacht, Nüsse und Nebel sind die besten Geschenke der Rhön.)

Daß all diese Äußerungen über die Rhön, die z. T. heute noch in Lesebüchern spuken, erfunden und erlogen und selbst für die Hohe Rhön übertrieben sind, wird der Gast bald feststellen.

Wie freut sich der Wintersportler, wenn er die verschneite Märchenlandschaft der Hochrhön bewundert, und der Schnee kann ihm nicht hoch genug sein! Die kahlen, schneebedeckten Berge, ab und zu mit einem rauhreifverzauberten Baum geschmückt, die langen Hänge, die weite überzuckerte Winterlandschaft entzücken ihn.

Erfahrene Abfahrts- und Langläufer, besonders Skiwanderer, finden von den Parkplätzen Bauersberg, Holzberg, Oberelsbach, Ginolfs, Rother Kuppe, Thüringer Hütte, Dreiländereck, Sennhütte und Moordorf und Moorwiese an der Straße Bischofsheim-Wüstensachsen in der hessischen Rhön gespurte Loipen, die sowohl Anfängern wie auch Fortgeschrittenen und Meistern etwas zu bieten haben.

Von Skiläufern wird vor allem erwartet, daß sie
nicht wild parken,
die Loipen nicht verlassen,
keinen Hund mitnehmen,
nichts wegwerfen.

Auf all seinen Skiwanderungen umgibt den Wintersportler eine Landschaft von unvergleichlicher Schönheit. Und abends findet er in den Hütten freundliche Aufnahme, einen warmen Ofen, Speise und Trank. Bei knisterndem Holzfeuer hört der Gast das Raunen und die Sagen von Gespenstern und Geistern, von Nixen und Elfen, von Riesen und Zwergen und von der Rhönhexe. Möge er sich wohl fühlen bei Rhöner Gastlichkeit!

Eines dieser Rasthäuser ist die S e n n h ü t t e , die kurz nach dem ehemaligen RAD-Lager

links der Hochrhönstraße

einlädt. An Stelle einer ehemaligen Jungviehweide errichtete die Stadt Fladungen eine Gaststätte. Heute müht sich die Familie Schanz, ihre Gäste zufriedenzustellen. 32 Betten sind vorhanden. Die Sennhütte steht nahe der Landesgrenze. Von hier aus bietet sich ein herrlicher Blick zu dem thüringischen Dorf Frankenheim.

Unmittelbar von der Sennhütte führt eine gute Straße direkt an der Zonengrenze entlang nach Leubach, nahe vorbei am thüringischen Dorf Frankenheim, das man gut einsehen kann.

In Serpentinen fällt die Hochrhönstraße nun steil ab ins Streutal. Knorrige, alte Buchen, z. T. als Naturdenkmale unter Naturschutz, breiten ihre Äste aus und erinnern uns daran, daß wir uns Fladungen nähern, der Stadt, von der unser Rhönspruch sagt: „Fladungen hat's Holz".

Rechts der Hochrhönstraße

steht das Basaltwerk Fladungen, der fünfte Basaltbetrieb, der uns auf unserer Wanderung begegnet, der aber nicht mehr in Betrieb ist.

In früheren Jahrhunderten lag in der Nähe der H o f P f e u s t. Als fuldische Schenkung ging er an das Kloster Wechterswinkel und war dorthin zins- und lebenspflichtig. Weegmann, der Fladunger Chronist, vermutet, der Pfeust könne die 824 genannte „Captura swarzes muor" des Abtes Rabanus Maurus gewesen sein.

Der Steinbruch war von 1958 bis 1975 in Betrieb. Das Basaltvorkommen erstreckt sich vom jetzigen Bruch aus weiter nach Süden und dürfte nach den Ergebnissen der Versuchsbohrungen und geologischen Gutachten für die nächsten 20 Jahre ausreichen. Es kommt hauptsächlich Säuleinbasalt vor, der zum Teil zu Säulen, zum größten Teil aber zu Sand, Splitt, Edelsplitt und Schotter verarbeitet wurde.

Abnehmer waren alle großen Bauunternehmen im unterfränkischen Raum, die Bundesbahn und die „Rhein-Main-Donau-AG".

Alle fünf Basaltwerke im Bereich der Hochrhönstraße haben sich 1970 unter dem Namen Vereinigte Rhön-Basaltwerke GmbH zusammengeschlossen. Das schwarze „Gold der Rhön" hat seine Bedeutung verloren. Arbeitskräfte wurden frei.

Talwärts liegt

rechts der Hochrhönstraße

der Autorastplatz „Pfeust" des Naturparks „Bayerische Rhön" mit Liege- und Spielwiese, Brunnen und Braterei, ein romantischer Aufenthaltsort, der zum Verweilen einlädt und besonders auch Kindern Spielmöglichkeiten und Abenteuer bietet.

In einer scharfen Rechtskurve lag früher

links der Hochrhönstraße

im Wald ein einsames Haus, die Sophienhöhe. Sie lag vor Frankenheim auf der Zonengrenze. Sie war ein gern besuchtes Gasthaus und Wanderziel. Das Gebäude wurde im Frühjahr 1968 von der Volkspolizei abgerissen. Bergabwärts kommen wir an die Straßenkreuzung. Die Straße

rechts der Hochrhönstraße

führt uns nach Rüdenschwinden,

links der Hochrhönstraße

kommen wir nach Leubach. Am Wegkreuz steht der bekannte H e x e n b a u m , der auch oft Hexeneiche genannt wird, obwohl es sich um einen Bergahorn handelt, mit dessen Früchten wir als Kinder Nashorn spielten. Er ist sehr altersschwach und zerfällt.

Rechts der Hochrhönstraße

begleitet uns die Fladunger P a p p e l a l l e e , die schon fast so etwas wie ein Wahrzeichen Fladungens geworden ist, während uns von

links der Hochrhönstraße

der Kirchturm Oberfladungens grüßt.

Im Randbezirk der Stadt Fladungen haben sich

links und rechts der Hochrhönstraße

Industrie-, Handels- und Dienstleistungsbetriebe angesiedelt.
Bald grüßt uns das Ortsbegrenzungsschild „Fladungen". Dort, wo das Wegkreuz Ein- und Ausgang des Wanderers segnet, endet die Hochrhönstraße. Fladungen nimmt uns auf und grüßt uns mit seinem Maulaffenturm und mit Götz von Berlichingen.
Trage mit Humor es, o Wand'rer, und statte der gastfreundlichen Stadt und ihrem Rhönmuseum einen Besuch ab!

Lieber Wanderfreund!

Über die Hochrhön bist du mit mir gewandert, durch eine Landschaft der Ruhe und Stille. Du hast die Bäume mit mir betrachtet und die Blumen; Kuppen und Kegeln haben wir bestiegen, in Gras und Kräutig gerastet und Hänge und Halden beschritten. Deinen müden Körper hast du erfrischt in der gesunden, reinen Luft der Berge, hast deine Muskeln in Bewegung gesetzt und deinen Kreislauf. Du hast aber auch deine Seele gebadet in dieser Landschaft, die frei macht, die vergessen läßt, die Frieden gibt und Zufriedenheit. Erhabene Denkmäler der Natur haben wir bewundert, aber auch Plätze der Kultur besucht, Gottes Wunder und der Menschen Werk betrachtet.

Du Fremder,

sicherlich hast du nicht bereut, daß du mit mir gewandert bist. Denke oft an uns und unsere Berge und komm bald wieder und bring deine Freunde mit!

Du Rhöner,

vergiß nicht, daß du eine Heimat hast, eine Heimat, die reich ist, auf die du stolz sein kannst, die dich ruft, der du verpflichtet bist durch Geburt und Gottes Auftrag!

Du Leser,

der du hinterm Ofen gesessen und dies alles nur auf dem Papier gelesen hast, wisse, daß Buchstaben und Bilder tot sind, daß nur die Natur lebt und daß sie viel, viel schöner ist als alle Bilder, und beherzige, was das Rhönlied singt:

> Und kennst du die herrliche Rhön noch nicht,
> gehorche dem Freunde, der zu dir spricht:
> Zieh an die Wanderschuh und nimm den Rucksack auf,
> wirf deine Sorgen ab, marschier zur Rhön hinauf!

Literaturverzeichnis

Benkert, F. Georg, Beschreibung von dem Marktflecken Nordheim vor der Rhöne, Würzburg 1821

Gesetz zum Schutz der wildwachsenden Pflanzen und der nicht jagdbaren wildlebenden Tiere (Naturschutz-Ergänzungsgesetz) vom 29. Juni 1962

Haber, Dr. Wolfgang, Plan zur Einrichtung und Entwicklung des Naturparkes Rhön, Bad Neustadt o. J.

Hoesch, Herbert, Vortrag vor der Volkshochschule Bad Neustadt „Die Basaltindustrie in der Rhön", Bad Neustadt, Januar 1954

Hoesch, Herbert, Die Bedeutung der Basaltindustrie für die Rhön in Bischofsheim vor der Rhön, Bischofsheim 1958

Jäger, Anton, Briefe über die Hohe Rhön Frankens in geographisch-topographisch-physischer und historischer Hinsicht, Teil 1–3, Arnstadt und Rudolstadt 1803

Kosch, Alois, Was blüht denn da? Stuttgart 1950

Kronberger, Karl, Unsere geschützten Pflanzen, Bayreuth 1951

Mellrichstädter Heimatblätter, Beilage zum „Rhön- und Streuboten", Mellrichstadt 1932/1936

Mölter, Max, Sagen des Kreises Mellrichstadt, Bad Kissingen 1964

Müller, Michael, Franconia Sacra, Würzburg 1899 und 1901

Nöldner, Walter, Aus Wald und Flur, Hamburg 1937

Overbeck, Fritz, Mooruntersuchungen zur Rekurrensflächenfrage und Siedlungsgeschichte in der Rhön, Ort und Jahr unbek.

Pistorii Joannis, tradit. fuldens. lib. II.

Reichsnaturschutzgesetz vom 26. Juni 1935

„Die Rhön", Eisenach 1912–1930

„Rhönwacht", Fulda 1930–1964

Schmeil, Otto, Lehrbuch der Botanik, Leipzig 1925

Schneider, Gustav, Rhönführer, 17. Auflage, Fulda 1963

Staatsanzeiger, Bayerischer, Nr. 49/1951: Naturschutzgebiete im Regierungsbezirk Unterfranken

Straub, Karl, Die Rhön im Wandel der Monate, 2. Aufl., Würzburg 1925

Treutlein, Fritz, Der erdgeschichtliche Aufbau des Frankenlandes, Schweinfurt 1951

Trost, Georg, Aus der Geschichte des Landkreises Mellrichstadt, Mellrichstadt 1964

Verordnung über Naturdenkmale im Kreis Bad Neustadt vom 24. August 1951

Verordnung über Naturdenkmale im Kreis Mellrichstadt vom 15. Juni 1938

Verordnung zum Schutz von Landschaftsteilen vom 22. Mai 1960

Weegmann, Karl, Festschrift zur 600-Jahr-Feier der Stadt Fladungen, Fladungen 1935

Wucke, Ch. Ludwig, Sagen . . . der Vorder- und der Hohen Rhön . . . 2. Aufl. Eisenach 1891

Kleinere Veröffentlichungen in Zeitungen, Zeitschriften und Heimatblättern.

Orts-, Personen- und Sachverzeichnis

Hahn/Gutberlet **Fulda**

26,5 × 28,1 cm, 120 Seiten, Linsoneinband mit mehrfarbigem Schutz-
umschlag.

DM 51,80

Text von Heinrich Hahn,
72 Farbfotos von Erich Gutberlet

In 93 zumeist großformatigen Farbbildern führt uns der Fotograf
Erich Gutberlet in einem Rundgang zu den Schönheiten Fuldas. Wir
erblicken die Sehenswürdigkeiten, aber auch die romantischen
Winkel und Ecken, die Fulda so liebenswert machen. Der Textautor
Dr. Heinrich Hahn zeigt uns die Geschichte Fuldas auf; von der
Curtis Eiloha über das Reichskloster Fulda bis zur heutigen Indu-
striestadt. Die ausführlichen Bildlegenden und die Zeittafel sind
dreisprachig (deutsch, englisch, französisch) gehalten.

in allen Buchhandlungen erhältlich

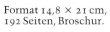

Format 14,8 × 21 cm,
192 Seiten, Broschur.

DM 17,40

Eine Bestandsaufnahme
alter rhönischer Lebens-,
Arbeits- und Brauchtums-
formen, durch zahlreiche
Bilder ergänzt.

Format 13 × 19 cm,
280 Seiten, Linsoneinband.

DM 22,80

Eine Sammlung von 351
thematisch geordneten
Sagen aus dem Landkreis
Fulda, dem Kreis Hünfeld
und den ehemals fuldi-
schen Orten der Kreise
Brückenau, Schlüchtern
und Lauterbach.